U0628754

名师名校名校长

凝聚名师共识
回应名师关怀
打造名师品牌
培育名师群体

张晓远题

创意与科技：STEM

项目策划与实施指南

杏建红　何步艺　主编

陕西师范大学 出版总社　西安

图书代号　JY24N2076

图书在版编目（CIP）数据

创意与科技：STEM项目策划与实施指南 / 杏建红，

何步艺主编. -- 西安：陕西师范大学出版总社有限公司，

2024. 9. -- ISBN 978-7-5695-4661-3

Ⅰ. G623.62

中国国家版本馆CIP数据核字第20245CH897号

创意与科技：STEM项目策划与实施指南

CHUANGYI YU KEJI：STEM XIANGMU CEHUA YU SHISHI ZHINAN

杏建红　何步艺　主编

特约编辑	李东震	
责任编辑	刘　翠	
责任校对	赵　倩	
封面设计	言之凿	
出版发行	陕西师范大学出版总社	
	（西安市长安南路199号　　邮编　710062）	
网　　址	http://www.snupg.com	
印　　刷	北京政采印刷服务有限公司	
开　　本	710 mm×1000 mm　　1/16	
印　　张	10	
字　　数	160千	
版　　次	2025年3月第1版	
印　　次	2025年3月第1次印刷	
书　　号	ISBN 978-7-5695-4661-3	
定　　价	58.00元	

读者使用时若发现印装质量问题，请与本社联系、调换。

电话：（029）85308697

导 论

　　在当今这个科技飞速发展的时代，科学、技术、工程和数学（STEM）教育被广泛认为是塑造未来人才和推动社会进步的关键。随着全球范围内对STEM领域人才需求的不断增加，教育界纷纷呼吁加强对STEM教育的重视和支持。

　　STEM项目是指将科学、技术、工程和数学相结合的跨学科教育模式。提出STEM项目的意义在于培养学生的创新思维、协作能力、解决问题的能力和批判性思维。STEM项目可以激发学生的兴趣和好奇心，让他们在实践中探索和发现，从而提高他们的学习动力和效果。STEM项目也可以帮助学生建立对自然和社会的认识，培养他们的责任感和公民意识。STEM项目是一种适应未来社会需求的教育创新，它可以为学生提供更多的职业选择和发展空间。学习是为了让人们更好地生活，所以我们的学习更应该以真实的问题或项目作为驱动，引导学生在学习过程中经历生活情境中真实的情况，体验解决问题的思维过程，构建知识，提升解决问题的能力。STEM项目不仅仅是传授科学知识和技能的一种方式，更是培养学生创新思维、解决问题能力以及团队合作精神的有效途径。通过参与STEM项目，学生不仅能够学习到理论知识，还能够将所学知识应用于实践，从而培养解决现实问题的能力，这对于他们未来的学业和职业的发展至关重要。但在如今的学校教学活动中，学生关注更多的是知识的记忆，而不是发现问题或者解决问题的办法。现实的学校教育大多是一种让学生储存知识的行为，一种传授"浅层知识"的"灌输教学"。可是仅仅依靠某一门学科的"浅层知识"并不能有效地支撑学生的创新思维。要培养学生的创新思维、协作能力、解决问题的能力和批判性思维需要学生有学科整合的思考习惯，要懂得思考怎样去运用自身的知识储备，解决未曾见过的新颖问题，能领悟自己不知道什么，应该要质疑什么，懂得"如何思考"。

为了实现这一目标，我们有必要了解STEM项目的概述，了解教育与STEM项目的关系，理解在小学信息科技学习中如何融合STEM项目，掌握STEM项目的整体研究过程。导论部分将对以下四个部分内容进行概括性说明。

一、STEM项目概述

STEM是一种教育理念，它将科学（Science）、技术（Technology）、工程（Engineering）和数学（Mathematics）四个领域融合在一起，让学生通过探究、创造和解决问题的方式，培养跨学科的思维能力和创新能力。

STEM项目是一种基于STEM理念的教学活动，它通常以一个具体的主题或问题为导向，让学生从不同的角度进行研究、设计和制作，同时运用科学、技术、工程和数学的知识和技能去获取问题的真相，或是得到问题的解决办法。STEM项目要求学生不仅掌握知识和技能，还要将知识与技能创造性地应用于生活中，以解决实际问题。STEM项目重在提高学生的参与度，培养学生的思维方式，让学生懂得从多个角度去思考问题、分析问题，要求学生了解科学的基本概念、原理和方法，运用科学的思维方式去分析问题、设计实验、收集和分析数据，通过数据的支撑得出结论和建议；要求学生掌握现代技术的基本知识和操作技能，能够恰当地利用各种技术工具和测量工具，对问题进行信息的获取、处理、交流，并设计相应的问题模型和产品；要求学生理解工程的基本原理和流程，能够运用工程的方法和技巧对问题进行定义、分析、设计、实施和评估，以及优化产品的解决方案；要求学生懂得理解和欣赏不同的艺术表达形式，能够运用艺术的元素和表现形式进行创作，表达自己的想法和情感，提高自己的审美能力和创造力；要求学生掌握数学的基本概念、规律和方法，能够利用数学语言和符号进行逻辑推理，表达问题的构成，建立解决问题的模型，形成评估结果和策略。

STEM教育的核心价值在于它的综合性和应用性。它并不是将四个学科的教学内容简单叠加，而是将这些内容有机地结合起来，形成一个整体，以更好地解决现实中的问题。例如，一个STEM项目可能会要求学生设计一个可持续的生态系统，这不仅需要生物学知识，还需要用数学知识来计算资源的分配，用工程学知识来构建系统结构，以及使用相关技术来监控和维护系统运行。

STEM项目对学生的要求是全面的，但是对学生而言也是有趣、有益的。通过参与STEM项目，学生不仅可以丰富自己的知识储备，提高技能水平，还能培养面对困难挫折时的应对能力，培养创新精神和团队意识，更重要的是培养学习兴趣，并获得成功后的成就感。

二、教育与STEM项目

教育的目的是帮助人学习，激发人的兴趣和好奇心，提高人在学习过程中的参与度和主动性，培养人的协作能力和沟通能力，提升人的综合素养和实践能力。教育的过程往往并不是单一的学科知识学习，而是多学科融合，是对生活经历的一种体验。生活中的单一问题或者现象都可能与多个学科的知识有关，这就要求我们的教育内容要做到全面、真实。教育的任务是帮助人有效地学习，围绕着某一特定的目标开展，以培养人的品德、能力、兴趣、创造力为基础，以为社会培养优秀的人才为宗旨。

一个优秀的人才应该懂得"如何思考"，应该懂得针对某一问题知道如何利用工具收集数据并进行分析进而得出结论，懂得通过不同的评价手段得出最优的问题解决方案。而STEM项目中我们针对某一主题或者问题，从不同的角度进行研究，开展有效的学习，开发有实证依据的数据等素材来阐述问题。STEM项目这种多学科融合性、多元性的教育模式正是教育培养优秀人才的重要手段，也是培养学生创新思维、协作能力、解决问题能力和批判性思维的有效方法。STEM项目教育是一种符合时代需求和未来发展的教育模式，它可以为学生提供一个全面、有趣、有意义的学习体验，从而促进他们的个人成长。

教育与STEM项目之间存在着密切的联系。一方面，教育是STEM项目实施的基础：STEM项目需要通过教育系统来进行推广和实施，才能有效地发挥其作用。另一方面，STEM项目可以促进教育的改革和发展：STEM项目可以为教育提供新的教学方法和手段，帮助学生更好地学习科学、技术、工程和数学知识，让学生能在学习过程中体验更真实的生活情境，解决生活中的各种问题。

具体来说，教育与STEM项目的关系主要体现在以下几个方面。

1. STEM项目可以帮助学生掌握STEM领域的知识和技能

STEM项目为学生提供了一个学习和实践STEM知识和技能的平台。通过参与STEM项目，学生可以进行科学实验、设计和制作工程作品，以及运用数学知识解决问题。这些活动可以帮助学生加深对STEM领域的理解，提升与STEM相关的知识和技能。

2. STEM项目可以培养学生的创新精神和实践能力

STEM项目鼓励学生进行创造性思考和大胆尝试。在参与STEM项目的过程中，学生需要提出问题、设计方案、进行实验和评估结果。这些活动可以培养学生创新精神、实践能力、批判性思维和解决问题的能力。

3. STEM项目可以激发学生的学习兴趣

STEM项目通常具有趣味性和挑战性，可以激发学生的学习兴趣。通过参与STEM项目，学生可以体验到发现科学的乐趣、工程创新的成就感和数学应用的价值。这些体验可以帮助学生树立学习STEM学科的信心，并提升学习热情。

4. STEM项目可以促进教育公平

STEM项目可以为所有学生提供学习STEM学科的机会。STEM项目有助于缩小教育差距，让所有学生都能享有优质的教育资源。

5. STEM项目可以为国家发展提供人才支撑

STEM项目的实施可以为国家培养更多STEM领域的人才，这对于国家经济发展和科技创新具有重要意义。STEM人才能够推动科学技术进步，促进产业转型升级，增强国家竞争力。

三、小学信息科技与STEM项目

　　小学是人生求知期的第一个阶段，此阶段主要任务是学习知识和技能，为今后的学习和工作打基础。小学教育不仅要传授知识，还要培养人的品德、能力、兴趣和创造力。小学教育要注重基础教育，让学生掌握基本的语文、数学、科学等知识，培养他们的逻辑思维以及分析判断和解决问题的能力。小学教育要注重实践教育，让学生参与各种活动，培养他们的动手能力、协作能力和自主学习能力。小学教育要注重素质教育，让学生接触不同领域的知识，发现自己的潜能和特长，进而培养他们的兴趣和爱好。小学教育要注重多元化教育，让学生了解不同的文化和风俗，开阔他们的视野和思维。小学教育要注重创新教育，让学生在学习中发挥想象力和创造力，鼓励他们提出问题和解决问题，激发他们的求知欲和探索精神。小学教育要注重个性化教育，让学生在尊重规则和纪律的前提下，展示自己的个性和风格。

　　信息科技是指计算机、网络、软件等与信息处理相关的技术，它为STEM项目提供了丰富的工具和平台，使学生能够用编程、多媒体等方式实现自己的想法，旨在培养学生的创新思维和解决问题的能力。信息科技在小学教育中的地位日益提升，现代社会对于信息化人才的需求日益增长，掌握基本的信息技术能力已经成为每个学生的基本素养。因此，小学阶段就应该培养学生的信息技术意识和技能，为他们未来的学习和工作打下坚实的基础。随着信息技术的迅速发展和普及，教育领域也在不断探索如何将信息科技融入教学，以培养学生的创新能力和未来竞争力。在这个过程中，STEM项目作为一种跨学科的教学方法，已经成为培养学生信息科技能力的重要途径之一。对于小学生而言，参与STEM项目有助于培养他们的创新能力、解决问题能力和团队合作精神。在STEM项目中，学生不仅可以学习信息技术知识，更可以将这些知识应用于实践中，通过设计、编程和调试等过程，培养他们的逻辑思维和创造性思维。同时，STEM项目通常是以小组合作的方式进行的，这有助于培养学生的团队合作意识和沟通能力，提高他们的社交技能和领导能力。

小学信息科技的教学与STEM项目的理念相结合，可以充分利用各种数字工具和资源，激发学生的学习兴趣和探究精神，提高学生的信息意识，培养学生的计算思维，让学生在日常生活中可以通过选用合适的数字设备、平台和资源，有效地进行数字化学习和创新，开展探究性学习，创造性地解决问题，培养学生在信息社会中的文化修养、道德规范和行为自律。

四、STEM项目的研究过程

如果你是一名数学、科学、工程、信息科技或其他学科的理工类教师，你一定已经了解了让学生在"做中学"的意义。虽然我们一直在教学中努力地让学生去做，从做中体验知识的构建过程，分析做中的数据，通过各类数据的对比得出结论，但是很多时候学生做研究的过程其实都是我们设计好的，学生还是在项目研究中分块进行参与的，并没有真正完全自主参与到整个STEM项目研究过程中。如果考虑让学生完全独立地开展一个STEM项目，那么我们就应该放手让学生按"确定项目—构建实验—实施反馈—展示反思"四个环节开展学习，而这四个环节也正是本书要表述的内容。如果完全放手让学生独立去研究，你可能会有各类的问题。比如：学生能顺利开展研究吗？学生会正确地确定研究的主题吗？如果学生想做的课题超出了他们的认知能力，应该怎么办？如果学生在研究过程中遇到问题无法继续下去的时候，应该如何指导？这些问题可能会让你迟疑，使你无法真正地信任学生，不放心让学生独立开展研究，并且你会很难放弃这些想法。你可以尝试把STEM项目研究的过程连成一个闭环去思考问题，或许对你的焦虑会有所缓解。如图1所示：

图1

我们把STEM项目研究看成一个闭环，从"问题"出发，根据实际问题确定研究的主题，确定项目，基于研究的主题设计研究的要素，界定一些关键词，组织学生进行"分析"主题的背景研究，撰写研究假设和研究方案，开展"实施"实验数据的记录和统计分析，结合数据的支撑"收获"实验结论，并对实验结论进行验证反思。在这一轮的研究中，学生肯定会出现这样或那样的"问题"，每当出现问题的时候，教师又可以引导学生进行第二轮的研究过程。所以，由此可见，STEM项目研究是一个不断循环的过程，学生在研究过程中每次的思考都是一次能力的提升，而教师要做的只是给他们提供学术上的支持和方法上的引导。

目 录

第一章

确定研究项目

生活中的大部分问题都可以通过实验的方式来解决，通过科学的研究方法来解释。人们用这种方法来对自然界中存在的现象进行调查、分析，得出结论。这种方法往往需要通过设计一个实验来进行，每一个实验都包括一个或多个确定的实验对象、研究的主题、实验的假设、能被控制的变量，以及能被观察、测量、统计和分析的变量，并且实验都应在可控的环境条件下进行。一个有意义的研究主题可以让学生感受到自己的学习是有目的和价值的，而不仅仅是为了应付考试或完成作业。一个有意义的研究主题可以让学生看到自己的学习与现实世界的联系，从而增强他们对STEM领域的兴趣和认同感。一个有意义的研究主题可以让学生在探究过程中遇到挑战和困难，从而促进他们运用和发展STEM相关的知识、技能。一个有意义的研究主题可以让学生在完成项目后获得满足感和自豪感，从而增强他们的自尊心和对自己能力的信心。一个有意义的研究主题可以让学生关注社会和环境问题，从而培养他们的道德观和价值观。一个有意义的研究主题可以让学生与社区和行业合作，从而拓宽他们的视野。所以要想让STEM项目取得成功，就需要选择一个有意义的研究主题，这样才能够激发学生的兴趣和好奇心，同时也能体现STEM领域的重要性和价值。本章主要从确定主题和聚焦主题两个方面来概述如何确定研究项目。

一、确定主题

在生活中，我们会对很多事物产生兴趣，包括你听到的别人描述的事物、你亲眼看到的事物。比如：车辆经过积水时会溅起水花，长征运载火箭升空，电视上播放的动物大迁徙，等等。这时候你可能会问自己，"为什么会这样发生呢？""同样的事情会不会再次发生呢？""如果……"类似的问题往往会引起我们的研究兴趣。对于自然界发生的很多现象，我们可能会产生各种思考，这些思考都存在着一个研究的核心。创建研究的第一个步骤，是确定你有兴趣的研究对象。研究对象这个术语指的是STEM项目所研究的对象样本或者物品等。但是很多时候我们感兴趣的事物并不一定是适合于研究的，因为每一个事物都需要通过一个实验来研究，并且实验需要在可控的条件下进行，而且每一个实验都要有一定的可观察的或测量的数据变量。有时候因为我们的知识储备不足以支撑我们的研究，或者我们所观察的现象并没有一个具体的数据来支撑我们的研究，那么即使这个事物是我们非常感兴趣的，我们也无法对其展开研究。因此，选定一个主题首先我们要考虑这个主题是否能通过实验来进行验证，其次我们要考虑这个主题的数据是否方便采集和统计分析，最后我们还要考虑我们的知识储备是否能支撑这个实验研究。

刚开始选择研究一个主题时，通常会遇到两个不同的困境：要么学生根本不知道要研究什么，要么学生感兴趣的主题很难通过实验来采集相关的数据。因此，大家在确定主题的时候要尽量避免这两种情况，最好在确定主题之前对自己的研究方向有个大概的想法，这样可以明确自己的研究对象，但是要注意不要限制自己的思路，以免错过更好的研究主题。

本书不会提供主题清单给大家选择，不过可以提供一些确定主题的策略和步骤来教你如何确定一个研究的主题。

（1）选择你感兴趣的主题范围。只有自己感兴趣的内容，才会更有动力去开展研究。虽然在一个范围内感兴趣的主题可能会有多个，但是你应该筛选出最希望了解的领域，可以是生物学、化学、物理学、工程学、计算机科学、数学或者其他学科、领域，重要的是这个领域是你热爱并且愿意深入研究的方向。

可以从周边生活中寻找研究主题。比如从电视上寻找能激发你兴趣的节目，或者从网络中寻找自己感兴趣的主题，也可以根据自己在学校或者家庭中遇到的问题等确定研究主题。

查阅一些学术性的书籍，通过书中内容来激发选题的灵感。例如，我们可以寻找与最新的科学研究成果和前沿领域相关的书籍。这些书籍通常会介绍当前研究的热点问题、挑战和新的发现，从中你可以获取一些启发。我们也可以探索跨学科的书籍。这些书籍涉及多个领域的交叉点，可能会激发你对新的研究方向或者解决跨学科问题的兴趣。当然选择一些讨论科学问题、挑战和未解之谜的书籍也是一种快速激发灵感的好方法，因为这些书籍通常会提出一些发人深省的问题，通过你对问题的思考，激发你对解决这些问题的兴趣，并促使你找到新的研究方向。平时我们也要养成阅读科普书籍、了解科学领域的基础知识和前沿进展的习惯，因为这些书籍通常会以通俗易懂的方式介绍科学概念和实验结果，让你在阅读的过程中增加知识储备，为你提供广泛的视野，帮助你找到研究的灵感和方向。

（2）经过前面步骤的实施，大致确认研究方向。首先把你感兴趣的能研究的主题列个清单。其次查看你可能研究的对象的一般性信息，了解这些信息能否在实验中进行操控和验证。结合自己以前做过的实验方法，思考一下你将如何针对这些主题开展研究，有哪些主题对于自己来说是比较难开展的，有哪些主题是自己比较容易开展实验研究的。最后通过对主题清单中各项内容的对比，根据自己的实际条件，选择一个自己有能力和条件开展实验研究的主题。

一般来说，如果按书中提供的选题策略进行选题的话，基本上都可以确定一个自己感兴趣并且能通过实验开展的课题项目，但是这时候并不能马上按照选定的主题开展研究，还需要检验一下这个主题的研究价值和意义。如何确认自己的研究项目是有效还是无效，需要从研究的主题出发，运用创新思维方法去思考验证。创新思维的运用目的，就是让我们具有"新的眼光"，克服思维定式，打破技术系统旧有的阻碍模式。一些看似很困难的问题，如果我们投以"新的眼光"，从不同的角度来看待，就会得出新奇的答案。我们说："习惯于发散思维、逆向思维、联想思维等创新思维的大脑，往往成为创新的源头。"那么我们如何确定一个研究的主题是否有效呢？首先要看这个研究是否符合自然规律，是否能得出某种结论，是否有利于改进我们的生活。如果研究主题符合这些要求，那么这个研究就是有效的，否则我们就可以认定这个研究是无效的。

当你确定了初步的研究主题之后，就要开始不断地提出自己的问题，让自己的好奇心来引导你开展实验研究。但是我们在提出问题的时候应该要注意避免问"为什么"这样的问题，如"为什么干旱的地里植物都长得不好？"这类问题的范围太广，而且答案也不是能够被测量出来的，同时也不具备唯一性。所以，你可以把这一类问题细化为能被科学测量出来的问题。例如，"土地的湿度是多少更有利于太阳花的生长？"现在这个问题就变成了可以被测量的，并且是可以用实验来控制实现的。在设计问题的时候，我们要注意：可以被测量的问题一般包括怎样，多少，什么时候，哪个。如果你现在已经有一个比较清晰的研究思路，那请根据你的研究主题写一些你在研究中可能感兴趣的问题，通过列举研究主题的问题来最终确定一个研究项目。

二、聚集主题

一旦有了初步确定的研究主题，你就要围绕一系列的新问题展开研究。研究这些问题，寻找答案的过程能帮助你接近最终所要进行的研究工作。具体的问题如下：我的研究对象是什么？我要控制或改变的变量是什么？我需要测量什么数据？为了完成这个研究，我需要什么知识技能和工具？问题之间的关系如图1-1所示：

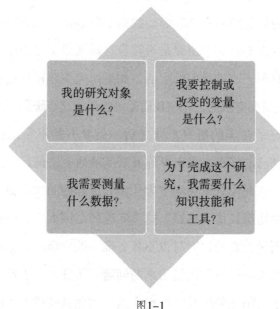

图1-1

在你对研究的问题有一个大概的轮廓以后，我们需要把每个问题的相关因素列一个清单，如表1-1所示为关于"水火箭飞行高度"课题的相关问题：

表1-1

实验对象：水火箭飞行高度	学科：科学、数学、工程
我需要控制或改变的变量是什么？ □ 充水量 □ 空气的压力 □ 容器的材料和大小 □ 温度和湿度 □ 风速和风向	
我需要测量什么数据？ □ 水火箭发射前的重量 □ 飞行的高度 □ 飞行的时间 □ 飞行的距离 □ 落地的距离和时间	
我需要什么样的知识和工具？ □ 水火箭是怎么样飞行的？在一个可控的环境下，水火箭需要什么条件才能飞行？ □ 我怎样才能比较准确地测量水火箭的飞行高度？	

表中的每一个问题所包含的研究因素都有好几个，我们并不需要把每一个因素都记录下来，只需要对每个问题中比较重要的一个或两个数据进行测量就可以，然后根据自己的研究过程选择能实施的相关因素，并根据自己的实际需求选择清单中的内容，初步完成自己聚焦研究的主题列表。具体练习如图1-2所示：

聚焦研究的主题

我的研究对象是什么？	所属学科

我要控制或改变的变量是什么？	我需要测量什么数据？	为了完成这个研究，我需要什么知识技能和工具？

图1-2

这一阶段的目标是对同一个研究的主题做出不同的方案组合，并针对表中所列出的问题给出尽量多的答案。在制作研究主题的练习中，我们不必担心答案是否可行，只要有尽可能多的新主意就可以。

在研究的初期你可能需要练习很多遍，还会出现每一遍的结果都与前一遍不相同的情况，这时你需要把这一阶段的所有想法进行对比，并找出一种比较适合开展研究的方案，同时还需要将这些最初的想法记录到实验记录本（具体可以参考第三章关于实验记录本的章节内容）中。

三、本章问题

（1）列出一个可以帮你找到研究主题的地方。

（2）描述三个你最好的研究主题。

（3）从三个主题中选择一个你最感兴趣的主题，将其细化为可测试的问题。

（4）结合研究主题的测试问题，列出课题研究的问题清单并完成研究主题的初步方案。

四、本章应用

当你学完本章后，我相信你对问题的好奇心已经促使你想出了很多研究的主题。而且你应该也完成了至少一次书中的研究主题列表。在你完成列表之后，我建议你跟同学和家人进行头脑风暴，将列表中的一些主题进行改进。在你们讨论完以后，将你在实验过程中需要操控的变量记录下来，并弄清楚在研究过程中哪些因素会影响结果。最后，请记住所有问题都需要被限定在可以科学测量的基础上。例如，你要了解温度湿度与细菌滋生的速度关系时，需要把问题设计为"当温度在15 ℃和25 ℃时，哪个温度条件下细菌滋生更快？"或"当湿度达到75%的时候，细菌滋生的速度是否比湿度达到80%的时候更快？"只有我们把研究的项目设计为可以测量的问题时，我们才能用更为准确的数据去支撑我们的实验结果，最终实现我们的研究目标。

通过本章的学习，你已经基本掌握了如何从自己感兴趣的主题中选择一个研究课题的方法，并且能把相关的问题转换为可以被科学检测的问题。接下来你将要把这些问题变成正式的实验假设，同时，开始探索研究主题以及在实验中遇到的变量。在下一章的学习中，你将学会如何设计一个科学实验的不同阶段，并完成简单的研究设计表。

第二章

构建项目研究设计

通过第一章的学习，你已经确定了自己的研究主题。在本章的学习当中，你将学会怎样构建实验。构建实验的过程或实验设置的过程我们称之为项目研究设计。项目实验是一种用于验证项目假设和评估项目效果的科学方法，它可以帮助我们提高项目的质量和效率，避免浪费资源和时间。项目研究设计不仅决定了实验是否能成功，还决定了实验的结果是否可靠。通过构建项目研究设计，可以更科学地验证我们的想法和方案，更客观地评估项目实验的成果和效果，从而更有效地推进项目的进程和质量。

本章主要从项目研究设计的组成部分和设计一个项目研究案例的表格示例两个方面，对如何构建项目研究设计的过程展开阐述。

一、STEM项目研究设计的组成部分

一个项目研究设计包括假设、变量、实验组和控制组，以及常量等。为了能够更清楚地了解这些元素的相关概念，下面简要介绍一下这些要素。

（一）假设

当你已经确定了要研究的问题，并且开始决定做研究时，你需要把准备好的问题转化成可以通过实验来检验的陈述，也就是需要通过把问题撰写成假设来实现。这是对所观察到的现象或事件所给出的暂时的但可检测的建议性解释。写假设的目的，是将你要检测的项目问题内容明确化，并且限定所做实验的范围。假设被认为是暂时的，是因为它们表明了一种你认为存在的联系，并希望通过实验来加以验证。假设的目的是要将实验中通过操控改变自变量与对

应变量的测量，所产生的影响之间建立起联系。

撰写一个假设是科学研究的核心。在第一章中所提出的问题只是对于实验的一种概述，这种概述会帮助你在实验中聚焦问题的研究，但并不是可以通过一个实验而得到结果的方式。如果将问题变成假设陈述，你将完成很多关键的研究设计步骤。通过撰写假设，你将会确定一个可以被测试的具体变量，并且确定实验中得到的变化如何被测量或记录。同时你也对实验的结果进行了一次判断，预测了整个研究的成果，这也是研究的预期目标。

下面，我们通过绿豆发芽的项目来了解一下问题与假设之间的关系。

问题：温度对绿豆发芽会产生什么影响？

假设：如果绿豆的发芽率与温度有关，那么绿豆在低温环境下的发芽速度会比在较高温度下的发芽速度慢。

在项目中，问题只针对绿豆的发芽率与温度的关系，并不是一种可以通过实验来进行验证的描述，绿豆发芽的速度是没有办法通过数据来与温度构建成关系的。这时候，我们需要基于研究的背景和变量，构建一个明确的假设陈述。假设陈述应该是一个关于独立变量和依赖变量之间关系的陈述，具有因果关系。通常，假设会预测某种变化对结果产生的影响。虽然在示例项目中问题无法通过实验数据来进行验证，但是在假设中，我们设计的绿豆发芽速度可以在低温环境和高温环境两种变量下，通过计时和测量豆芽的长度两个数据来证明，而环境温度可以通过温度计来测量。最后我们可以通过在相同的时间段里，将两组不同温度环境中的豆芽的长度进行对比，来验证温度是否会对绿豆发芽产生影响。

在撰写假设的过程中，不仅要指出测量的具体变量（温度），还要指出测量的结果（绿豆的发芽速度），同时还要明确实验的变量（时间）。假设中所包含的预测——高温环境比低温环境让绿豆发芽的速度更快，明确了实验的目的是来支持或否定预测的结果。像这样的假设是可以被测试的：绿豆发芽的环境温度是可以被检测的，绿豆发芽的速度可以通过测量豆芽的长度得出结论。假设包含了预测的结果，这个结果可以通过温度的数据以及豆芽的长度来支持或否定。

在假设陈述中习惯用条件语句（如果……那么……），是一种可以快速训练撰写假设陈述的好办法，使用条件语句可以明确指出自变量和因变量之间的关系。这有助于确保假设清晰、具体，并具有可测试性。同时还要确保你的假设是可测试的，这意味着你能通过设计一个实验或观察计划来验证或反驳假设。如果你不能以此来测试你的假设，那么你的假设可能需要进一步修改。最后，确保你的假设具有科学意义，能够为你的研究领域做出贡献，它应该在先前的研究基础上加以深入研究或改进，并对科学社区或实践产生影响，而不是重复地去验证前人已经验证过的成果。

你可以在进行项目的初步研究之后写出自己的假设，但必须在开展实验之前完成。在第三章的学习中，你将会了解到更多关于写假设的方法。

（二）变量

在科学研究和实验中，变量是你试图测量或者可以变化的任何特征、数值或信息。变量对于形成假设、设计实验和解释结果至关重要。理解不同类型的变量有助于精确地设计实验和分析数据。

　　变量分为自变量和因变量，自变量在科学实验和数据分析中是一个核心概念，它是实验中由实验者主动改变和控制的条件或特征，以便观察这种改变对实验结果的影响。自变量的变化是实验设计的关键部分，因为它允许研究者评估这些变化如何影响因变量（即实验的结果或效果）。简单来说，自变量可以看作是"原因"，而因变量是"结果"。例如，在前面的环境温度与绿豆发芽的实验中，我们想验证温度高低与绿豆发芽率的关系，需要在实验的过程中主动去设定多个不同的温度环境，那么"温度"就是这个实验的自变量。在实验开始之前，我们就要确定自变量，因为你会在实验组里改变这个变量的数量或性质。如果在实验之前不能确定自变量的数值或范围，那么我们在实验的过程中，将无法对实验的结果进行观察。因此，自变量决定了实验的效果。在一些复杂的实验中可能有多个自变量，但是结合小学生的学习能力和知识储备水平，在我们的项目实验设计中，一般只采用一个自变量。

　　因变量是根据自变量的改变而产生变动的变量，也被称为应变量或者依赖变量。它是实验或研究中的主要关注点，其变化是由于其他变量（自变量）的变化所引起的。简单来说，因变量是我们在实验中所观察的效果记录，所以我们最好在实验中将测量结果通过数字进行量化，不过对于一些不能通过非常精准的数值来呈现的结果，精确的描述性数据也是非常有用的。

　　虽然对于每一个研究者问题，都会有很多种方法或途径来测量因变量的变化，但是在不同的因变量中，总有一个因变量比其他的因变量更容易显现出变化来，明显的因变量结果更容易呈现出实验的结果。所以，在实验中选择自变量是很重要的，只有选择合适的自变量，才能针对自变量聚焦几个有关联的因变量，并最终选择能明显呈现实验结果的因变量。例如，表2-1中研究绿豆的发芽速度与温度的关系，一个温度的自变量可以有很多种不同的因变量，如一颗豆芽的质量、一颗豆芽的长度、一颗豆芽的粗细等，但是在对因变量进行测量的时候，有些数据是比较难以准确地测量的，所以我们可以选择一个比较容易测量的因变量（豆芽的长度）作为实验的数据。

表2-1

研究问题"绿豆发芽速度与温度的关系"	
自变量	因变量
不同的温度环境	☐ 一颗豆芽的质量 ☐ 一颗豆芽的长度 ☐ 一颗豆芽的粗细 ☐ 整体绿豆的发芽率

（三）实验组

实验组是指除自变量的数值和性质发生变化外，其他条件相同的多组样本对象或实验。一个可靠的实验重要的因素就是重复（同一类型实验进行多次）。在一些实验中，实验组有几个对象可以在同一时间进行实验，而另一些需要进行多次实验或实验操作，这些可以周期性地实施。

在每个实验组中有多个实验对象或进行多次实验操作非常重要，这样可以降低实验的自变量变化、因变量的测量误差，以及不同实验研究对象差异带来的影响。例如，我们在做绿豆发芽的速度与温度的关系实验时，如果我们只有一个实验组，那么我们就容易造成测量豆芽长度的结果相对比较单一，而如果我们有多组的实验对象，那么我们在相同温度的环境中就可以对比不同实验组之间的豆芽长度，如果多个实验组的豆芽长度都误差不太大，那么就代表绿豆的发芽速度与对应的温度关系成立。

（四）控制组

控制组是用来跟其他实验组进行对比的实验组。控制组和其他实验组接受同样的操作，唯一不同的是控制组与实验组的自变量不同。在绿豆发芽率与温度的关系的实验中，我们可以把不是在日常温度加以改变条件下豆芽的长度作为控制组，其他条件与实验组相同，这样就能判断是否还有隐藏的变量在不知情的时候发生变化。控制组的控制条件也可以是自变量的测量值，有时候控制条件在实验组的数据收集后才能被认定。此外，有些实验是不需要有控制组的，将各个实验组的数据进行对比就可以得出结论。

实验组和控制组都是在相对较大的群体中选取相对较小的样本量。从统计学的角度上来说，样本是能够代表取得数据的那个群组，而群体则是一个完整的集合，其中的每一个个体都与样本中的个体具有相同的性质。例如，如果在一个实验中有三个实验组和一个控制组，那这四个实验组就能代表一个完整的整体。

样本被普遍应用于科学研究，被代表整个群体做出判断。假设只要样本可以代表整个群体，就是样本中的实验对象的特性和群体中的个体是一致的，那么我们就可以根据样本的数据来推断或陈述群体的整体性质，同时样品量越大，假设的数字就越准确。我们在做实验研究的时候，很少有机会可以取整个群体的数据，所以我们就需要从样本中取得数据来代替。

（五）常量

常量是在实验中所有实验组或实验操作中都保持一致的要素，目的是减少额外变量的影响。当你确定自变量以后，必须设计一个实验能涵盖所有其他的潜在自变量，并把它们变为常量。否则，你将无法支持你所采集数据的两个变量之间存在明确的关系。

在开展实验的时候，我们要知道使所有实验组保持一致的实验环境是非常重要的，例如前面的绿豆发芽速度与温度关系的实验，只有每一个实验组的实验时间都相同，我们才能验证不同温度的环境中绿豆发芽的速度有所不同，从而验证绿豆发芽的速度与温度相关。

要注意，不要为了控制一个额外变量而引入另一个额外变量。额外变量是指在自变量以外，可能影响到实验结果的变量。额外变量如果不被控制或减到足够小，将会使实验结果产生偏差。例如，如果我们在前面的绿豆发芽速度与温度的关系实验中，为了增加实验组的温度而把实验样本放在太阳底下暴晒，这样就会出现另外一个额外的变量——光线问题，这样产生出来的结果会有严重的偏差。所以在做实验之前要先指出实验中所有具有局限性的地方，必须把额外变量带来的影响减到最小。

（六）定量数据和定性数据

定量数据和定性数据是研究中用来描述变量类型的两个基本术语，它们各自有不同的特征和分析方法。定量数据是指可以通过数量来度量或计数的数据。它与数值有关，并且允许我们进行数学计算和统计分析。例如用毫米来表述豆芽的长度，或用克来表述豆芽的重量。而定性数据是用来描述特征或性质的数据，它是无法通过数值来量化的数据，这类数据通常用于分类或分组信息。例如颜色、气味、纹路或某种频率等级的数据，如豆芽的茎的颜色是白色，豆芽子叶的颜色是黄色等。因此，定量数据和定性数据是通过不同的形式描述同样的事物。定量数据在项目实验研究中是最重要的，而定性数据是很好的补充，它可以针对实验的对象从不同的视角给出对应的数据。

在项目实验中，定量数据和定性数据的测量方式是不同的，定量数据关注数量和数值大小，而定性数据关注事物的类型或属性特征。两者的分析方法也不相同：定量数据通常通过数学计算和统计测试进行分析，如均值、标准差等；而定性数据的分析更依赖于分类、排序和解释，如内容分析或主题编码。定量数据和定性数据的表现形式也不同：定量数据可以用图表、柱状图、折线图等直观地表示数值变化；定性数据则常用文本描述或分类表格来展现。

1. 定量数据的使用

定量数据是大多数研究项目所收集的首要数据，收集定量数据是为了对观察的结果进行对比、分析、统计。定量数据是以数值的形式来呈现，数值能比较准确地展示实验样本的某一种特性，可以比较有效地检验差别，具有统计的显著性。在做实验之前，首先要想到利用定量测量的方式来测量因变量，并且需要知道测量某一种单位数值的测量方法，和掌握测量工具的使用方法。同时，为了标准化的对比相关的数值，我们在实验的过程中尽量使用公制，单位要用国际标准单位。

实验中的数据一定要有支持自变量和因变量之间存在关系的直接原因，定量数据主要是用来测量"效果"。首先，你需要记录各实验组之间的可测量的差异。其次，在记录的时候要保证额外的变量是常量。例如，我们在做绿豆发芽实验的时候，各实验组之间的变量是温度的差异，但是我们是多个实验组在同一个时间段进行实验。所以，我们首先要确保每个实验组的样本之间的温度高低不同，然后确保每一个组的样本都是在同一时间段进行测量，可以设定为每周测量或每天测量，并将每组的不同数值记录在实验手册上。

2. 定性数据的使用

定性描述可以帮助你记录实验中产生的变化，但是这些变化不一定是通过测量而获得的。当采集这些结果时，只需要对事物进行描述，比如看起来、闻起来、听起来、触摸起来、感觉起来等，或者把这些结果分为具体的类别。因为定性数据用数字来表示不适合，所以我们在记录的时候一定要注意客观性，观察的时候只记录看到的、听到的、闻到的，或者感觉到的，不要出现自己的判断或推断。推断是一种基于事实的结论，是根据数据或现象推理成立的，如果我们在记录的时候加入了自己的判断，就有可能造成实验结论的偏差。例如，我们在记录豆芽生长情况的时候，如果这样记录："豆芽的根茎是白色的，子叶是黄色的，看起来长得很健康。"这一份记录就是一个推断，豆芽健康这个结论看起来是没有问题的，但是如果我们仅仅只是依据豆芽的根茎颜色和子叶的颜色，就判断这颗豆芽长得健康，那么就会对后续的实验产生很大的影响。而且，这对于我们研究温度与绿豆的发芽速度关系的关联并不是很大。所以，实验的结论需要在后期通过数据来支持，而不是只凭一个颜色就下结论。包含推断的陈述最好是在实验数据收集之后，要被记录的是实际的观察，只有对事物的实际详细描述才会导向推论。因此在记录定性数据的时候，要保持科学性，使用详细的描述性语言，尽量避免结论性的陈述。

二、设计一个项目实验研究案例的表格

我们在开展项目研究实验之前，应该先确定好实验的自变量、因变量、常量、实验组和控制组，下面我们通过表2-2中的案例来说明自变量、因变量、控制组和实验组的相互关系。

表2-2

绿豆发芽速度与温度的关系			
假设	在一定的温度范围内，温度越高，绿豆发芽速度越快；反之，温度越低，绿豆发芽速度越慢。		
常量	实验组有相同的时间。 实验样本的光照强度相同。 实验样本的水含量相同。 绿豆品种相同，来自同一批次。 实验样本种植于同一类型和大小的容器中。 实验样本施肥量相同。 每天在同一时间进行观察测量。		
自变量	实验样本的水温和气温。		
因变量 定量数据	测量豆芽长度。		
因变量 定性数据	观察豆芽整体发芽率、豆芽整体长度。		
实验组和控制组	控制组 日常温度	实验组1 降温5℃	实验组2 升温5℃	实验组3 升温10℃

通过绿豆发芽速度与温度的关系案例，我们可以大概地了解实验的假设，并且明白常量、自变量都是为了验证假设而设置的，在不同环境中的自变量改变，会产生不同的实验结果（因变量）。为了让实验的样本在不同的自变量环境中开展实验，我们需要设置四个实验组，其中我们把日常温度的实验组作为控制组，将控制组与改变温度的实验组的数据进行对比，由此我们就可以通过实验数据得出结论，证明我们的假设是否正确。

三、本章问题

（1）项目实验设计主要包括哪些部分？

（2）在项目研究设计中，设定假设的目的是什么？

（3）常量和自变量的区别是什么？

（4）定量数据和定性数据有什么不同？

四、本章应用

通过本章学习，我相信你已经初步了解了项目实验设计的各个组成部分，并且也了解了各部分之间的关系。本章主要是了解项目实验中假设、自变量、因变量、常量等实验要素的概念，以及在测量因变量时，使用定量数据和定性数据记录实验结果时应该要注意的一些策略。在设计实验的过程中，我们要尽量地把实验中存在的各类变量及常量充分考虑清楚，尽可能地排除一些会影响实验结果的不可预知的变量，充分考虑实验的设备环境资源，以及自己本身的知识储备和技能。相信通过对概念的学习和了解，并参考示例中的表格，我们都能初步按照表格的样式设计自己的实验。在这个环节中，我们并不需要通过部分实验现象或者是数据来得出自己的结论判断，本章主要让你了解项目实验的各个要素，以及模仿示例先完成一次或几次的草稿设计。

如果你的项目设计是多人或者小组一起合作研究的，那么我们在设置假设时就应该充分考虑每个人的意见和看法。把几个人的意见统一起来，形成能代表大家思想的一种假设。同时针对假设进行变量和实验记录，开展头脑风暴，这时候我们可以各自完成项目实验研究案例表格。最终在整理大家意见的时候，组员可以一起讨论不同研究设计之间的差异，并将最好的部分结合在一起做成小组的草稿。

在下一章的学习中，我们会结合实际的案例，学习如何根据项目研究的阶段开展实验研究，并且最终形成一个问题的解决方案。

第三章

开展项目研究实验

通过前面的学习，你已经初步掌握了如何选择STEM项目的研究主题，并且对实验是什么样子也有了一个大致的了解。即便你已经可以初步地确定研究主题，同时也已经了解了实验的各个要素，以及实验各个要素的相互关系，但你仍需要写出更为正式的项目研究实验方案，有了详细的实验方案以后，我们才能更好地开展研究。在本章的学习中，我们将通过具体的案例，完整地描述项目研究的各个阶段。通过本章的学习，你将会对开展STEM项目研究实验有一个完整的思路。本章中所举的例子，只是为了帮助说明实验开展的步骤，并不建议你在以后的实验中照搬书中的案例。

本章将结合"智能植物养殖系统"活动案例，从确定实验条件、撰写假设、撰写研究方案、建立实验记录、数据统计分析，以及设计小型模拟系统六个模块阐述如何开展项目研究实验。

一、确定实验条件

在STEM项目中，确定实验条件是非常重要的一步。实验条件是指影响实验结果的各种因素，如实验的研究对象、自变量、因变量、常量，以及构建真实实验过程的条件等。如果实验条件不恰当或不一致，就会导致实验结果不准确或不可靠，从而影响项目的质量和效果。为了确定合适的实验条件，我们需要明确实验的目的和想要解决的问题。这样，我们才能选择合适的变量和合理地控制变量。同时，我们要根据实验的目的和问题来确定实验的步骤、材料、仪器和方法。我们要尽量保证实验的可重复性和可比较性，也就是说，如果其他人按照同样的方案来做实验，可以得到相同或相似的结果。

确定实验条件尽可能覆盖所有为了实验实施而必须了解的信息，只有聚焦需要了解的信息，我们才能做到项目研究实验过程的完整性和准确性。关于实验条件的问题尽量使用一种更宽泛的方式来表达，而不是一两句话就能回答的问题。例如，问题"植物生长需要光吗？"这就不是最好的问题形式，因为一句话就可以回答了。我们可以把它改成"如何让植物长得更好？"这个问题的答案就需要考虑植物生长的光线、温度、土壤湿度、土壤营养元素含量等。

确定实验条件我们主要从研究对象、自变量、因变量，以及实验对象与自变量因变量之间的联系四个方面去考虑。关于这四个方面的具体要求如下：

（1）研究对象

· 容易研究的具体类型

· 结构和功能

· 在一个可控的环境中处置问题

（2）自变量

· 结构和功能

· 怎样才能安全地操控

（3）因变量

· 结构和功能

· 变化能够怎样被测量、记录和观察

（4）实验对象与自变量以及因变量之间的联系

· 了解它们之间已知的关系（关于这个课题以往的研究成果）

虽然本章使用的STEM项目研究案例是"智能植物养殖系统"，但是我们并不是直接研究这个系统的使用，而是通过对植物的生长过程中需要的光照、温度、土壤湿度、土壤营养元素含量等资源的数据分析，设计一个小型的模拟系统，实现智能化植物养殖。因此，研究的对象就不能确定为"系统"，而应该是植物生长过程中的一种基础要素，如最适合植物生长的土壤湿度。不同类别的植物对于土壤的湿度要求也不相同，所以我们在确定研究对象的时候，要尽可能地指明某一种植物，这样才能更好地开展实验研究。以下案例以太阳花对土壤的湿度要求为研究对象。

关于太阳花对土壤湿度要求的研究问题可以是类似以下的这些问题。

（1）研究对象

· 土壤湿度与太阳花生长的关系，人们已经了解了什么？

· 你打算如何证明土壤湿度与太阳花生长有关系？

（2）自变量

· 如何在实验中改变土壤湿度？

（3）因变量

· 如何测量不同土壤湿度条件下的太阳花生长情况？

· 可以用什么观察方法来记录太阳花的生长情况？

（4）实验对象与自变量以及因变量之间的关系

· 当土壤湿度降低时，太阳花的生长情况有什么变化？

在本章的案例项目"智能植物养殖系统"研究中，我们前期主要通过对太阳花生长所需的光照、温度、土壤湿度、土壤营养元素含量等四个基本要素进行研究，获得相关的数据，并通过分析和统计数据得出每个要素的最优值。后期通过建立小型模拟系统，利用掌控板（主控制器）、光线传感器（获取光照强度）、LED（实现光照控制）、温度传感器（获取温度）、控温设备（实现温度控制）、湿度传感器（获取湿度）、可控水龙头开关（实现灌溉控制）、营养元素传感器（检测土壤中营养元素含量）等设备，组建一套智能控制光照、温度、土壤湿度和自动施肥的小型种植系统。

虽然在本章示范案例中，我们从太阳花的生长所需的光照、温度、土壤湿度、土壤营养元素含量等四个方面开展研究，但是由于本书主要是介绍STEM项目研究的过程和方法，所以我们只选取其中的一个方面作为演示案例，对于其他没有在书中出现的实验主题，我们可以自己结合范例开展研究。

二、撰写假设

现在，你已经基本确定了完成实验的条件，明确了你的实验对象，并且也设定了相关的自变量和因变量，同时也了解了实验对象与自变量以及因变量之间的关系。关于采用何种实验来研究你的选题问题，也应该有了自己的想法。

在第二章的学习中，我们曾经提出过假设，明白了假设的目的，就是要明确地表达出你想要测试的内容，并界定你实验的限制，所以你需要在确定实验条件之后到开始实验之前，构建一个完整版的假设，并以书面的形式呈现出来。这样一来，我们后续的实验就会围绕着假设来进行，实验的所有过程都是为了验证假设的真伪。

可能你会认为假设就是猜测，但其实这是不完整的，猜测就是没有任何以真实背景信息为基础的假设，仅仅只是某人的直觉。假设是一种基于已有的知识、经验或推理，对某个问题或现象的可能给出的解释或预测。假设通常是科学研究的起点，它可以引导我们设计实验、收集数据、分析结果和得出结论。

假设一般有以下几种类型。

（1）描述性假设：描述性假设在研究中用于预测或说明两个或多个变量之间的关系、趋势、模式或相互作用，但预测的变量不一定有因果关系。与解释性或因果假设不同，描述性假设不试图解释变量之间的关系原因，而是旨在描述变量相互关联的方法或存在的状态。比如一个研究项目旨在探讨不同年龄段人群使用社交媒体的模式，一个描述性假设可能是："20岁以下年龄组的人在使用社交媒体时，与其他年龄组相比，更倾向于使用图片和视频内容。"这个假设描述了一个预期的趋势或模式，但没有试图解释为什么这个年龄组更喜欢使用这种类型的内容。

（2）因果假设：因果假设是在研究设计中提出的一种特定假设，它预测一个变量（自变量）的变化将如何导致另一个变量（因变量）的变化。这种假设是基于因果关系的预期，即一个事件（原因）直接导致另一个事件（结果）发生。因果假设不仅试图证明两个变量之间存在关系，还试图明确这种关系的方向和性质。比如在研究温度与植物生长情况的关系时，可能会提出一个假设"气温低的时候植物生长比较缓慢"。在这个假设中，气温低是自变量（原因），而植物生长比较缓慢是因变量（结果），这个假设是在试图明确植物生长比较缓慢是因为气温低造成的。

（3）差异性假设：差异性假设是一种特定类型的假设，用于在研究中预测和检验两个或多个组别在某一或多个变量上是否存在显著差异。这种假设常见于实验和观察性研究中，特别是当研究的目的是比较不同条件或处理某一结果的影响时。差异性假设的关键在于识别和说明研究对象间的不同，而不是证明变量之间的因果关系。例如，一个研究项目旨在探讨同龄男女儿童的身高差异，一个差异性假设可能是："男孩子比同龄女孩子身高更高。"这个假设并不是证明男女儿童身高之间的因果关系，而是仅仅预测同龄男女儿童身高存在一个显著差异。

（4）相关性假设：相关性假设在研究中预测两个或多个变量之间存在的一种关系，但不预设这些变量之间的因果联系。这种假设的关键在于识别变量之间是否共享一种统计关联，即一个变量的变化是否与另一个变量的变化同时发生，而不假定这种同步变化是因为一个变量导致另一个变量变化。例如，一个研究探讨身高与体重之间关系的项目，一个相关性假设可能是："身高和体重正相关。"这意味着当一个人的身高增加时，其体重也会增加，身高和体重之间可能存在关联模式。

上面几种类型的假设看起来都或多或少存在一些问题，并且它们也不一定是成立的，如何用数据去支持或否定假设就是我们确定假设的目的，这就需要我们用数据去支持或推翻它。

在实验开始前确定假设可以帮助我们建立理论或模型，解释和预测现象；可以指导我们选择合适的研究方法和工具，收集和分析数据；可以培养我们的批判性思维和创造性思维，发现新的问题和解决方案；可以增加我们对自然界和社会界的认识和理解。

在确定实验对象的假设前，我们需要了解假设的要求。

（1）明确性：假设应该清晰和明确地陈述研究者的预期结果或关系，避免模糊和歧义。同时，它还应该明确说明研究中要检验的变量和它们之间的关系。

（2）可验证性：假设应该能够通过实验或观察来验证或否定。这意味着假设需要具有可操作性，可以使用适当的研究设计和数据收集方法来测试。

（3）适当性：假设应该与研究的问题和研究领域理论相一致，它应该基于已有的事实、理论或逻辑，是合理和可信的。

（4）创新性：假设应该具有创新性，能够提出新的观点或发现新的关系。

（5）测量性：假设中涉及的变量应该是可以被测量的，至少可以以某种方式观察到。这意味着假设中的概念或变量需要能够被转化为可操作的测量指标或观察对象。

（6）可重复性：假设应该是可重复的，也就是其他的研究人员在不同的时间和场合能够复制研究结果。这意味着假设应该基于可靠的理论和方法，并且结果应该是可以在不同环境下复制出现的。

经过前面对假设的分析，我们可以把假设定义为：假设是一个暂时性的（不是最终的和确定的）和可用实验验证的陈述，用来解释一个观察到的现象。假设可以预测在某一个现象或事件当中两个变量之间可能存在的关系，或者预测两个样本或群体之间的差异。假设是暂时的，因为它是一个需要检验的想法，研究者希望这个说法能被实验支持或者否定。

经过前面的学习，你已经为假设选好了自变量和因变量。一般来说我们的实验假设都是因果假设，也就是说明一个变量是另一个变量产生的原因或结果。在案例中，我们选择的主题是土壤的湿度与太阳花的生长关系，在这个主题里我们的自变量是土壤的湿度，而我们的因变量是太阳花的生长情况，我们需要通过测量或观察太阳花的生长情况，来验证土壤的湿度是否会影响太阳花的生长，也就是寻找土壤湿度和太阳花生长的关系。我们基于此可以提出两者是正相关的预测：当土壤的湿度越高，太阳花生长就越旺盛。或两者是负相关的预测：当土壤的湿度越低，太阳花的生长就越旺盛。

这两种预测都可以是假设，因为我们在没有进行实验验证之前，无法证实哪一条预测是正确的。这就需要我们根据一些现象或数据来做出合理的预测，并把预测撰写成假设。

在撰写假设时，你可以参考以下的句式。

（1）如果_____（自变量）与_____（因变量）有关系，那么_____（预测影响）。

（2）如果_____（自变量）是_____（描述变化），那么_____（因变量）将_____（预测影响）。

（3）当_____（自变量）_____（描述变化）时，则_____（因变量）将会_____（预测变化）。

你现在可以根据参考的样式自己尝试一下撰写假设的草稿。在撰写完假设草稿后，先要检查句子是否通顺，重要的是要检查假设中是否包含以下三个要素。

（1）自变量。

（2）因变量。

（3）有关自变量对因变量有什么影响的预测。（预测一般包含

描述变化的文字，比如增加或减少、提高或降低、更多或更少、更快或更慢等）

如果你是一名学生，那么接下来请将你刚才练习撰写的假设草稿和下面的示例对比一下，看看是否和书中的范例一样；如果你是一名教师，那你就需要检查学生撰写的假设草稿，并根据参考的句式指导学生如何撰写，并帮助他们订正。

例如，实验研究土壤的湿度对太阳花生长的影响，假设可以写成下面几种形式。

（1）如果土壤的湿度与太阳花的生长有关系，那么太阳花在干燥的土壤中比在湿润的土壤中生长得更茂盛。

（2）如果种植太阳花的土壤干燥，那么太阳花将长得更茂盛。

（3）当种植太阳花的土壤变得干燥时，太阳花将会长得更茂盛。

在示例的三个假设中，每一个假设都包含有自变量、因变量，还对有关自变量对因变量有什么影响的预测进行了描述，而且假设中的自变量和因变量都是可测的。可测的意思是假设中的文字措辞必须清晰地说明如何进行实验才能让两个变量相关联。其中，我们可以用湿度传感器来测量土壤的湿度数值，而"茂盛"这个因变量我们可以通过定性数据来描述，或者通过测量太阳花的植株高度、叶子数量等数据来证明。假如把其中的假设改为下面这个陈述就是不可测的："如果种植太阳花的土壤干燥，那么太阳花将长得更好看。"这个假设陈述是不可测的，因为"好看"是个人对事物的观点，是没有统一标准的，并且是无法用数值来验证的。所以，撰写的假设必须能够预测自变量与因变量的特定关系，收集的数据既可以支持也可以反驳这个预测的关系。让每一个看到假设的人，都能知道在实验去测量什么，即使他们不知道如何去收集数据。

撰写一个可测的假设并不是直接套用参考的句式后一次性就可以完成的。实际上，从开始撰写假设的草稿到最终的完成，一个可测的假设可能会修改很多遍。但是，无论如何修改，都要确保假设中包含有三个要素，并且其中的自变量和因变量都是可测的。

在撰写研究主题的假设之前，我们也可以通过练习来提高自己撰写假设的能力，下面请练习撰写以下主题的假设草稿。

（1）温度可以改变植物叶子的颜色。

（2）学习时间与成绩的关系。

（3）使用手机的时间对视力的影响。

（4）饮食习惯会影响身高。

如果你已经能够结合所学的经验，参考书中撰写假设的句式，完整地撰写出以上四个主题的假设草稿，那么就试着给你自己的研究课题撰写几个假设。在撰写假设的时候，或许你会发现假设中提到的一些领域需要你投入更多地精力去研究和学习。最后请把你的研究主题假设以文本的形式撰写出来。

三、撰写实验方案

确定了实验条件并有了一个初步的研究假设之后，就要开始拟定一份实验研究方案。实验研究方案是科学研究的重要组成部分，也是确保实验研究具有有效性和可重复性的关键步骤，是指导实验研究的纲领性文件，对整个研究过程具有指导和规范作用。通过撰写实验研究方案，可以明确研究目标，选择合理的研究方法，制订科学的实验设计方案，从而提高研究的科学性和可行性，最终提升研究质量。实验方案是对实验目的、方法、步骤、预期结果和可能的影响的详细描述。实际上，实验方案就是一份指导实验如何开展的书面材料，用来阐述你对研究选题的了解，验证你待测的假设，阐述你已有的用于检测假设的事和步骤。

撰写实验方案的意义是可以帮助研究者明确实验的目标和范围，避免偏离主题或重复工作；选择合适的实验方法和设备，保证实验的可行性和有效性；规划实验的流程和时间安排，提高实验的效率和质量；预测实验的结果和可能出现的问题，为解决困难和应对风险做好准备；与其他相关人员沟通和协作，增强实验的合作性和透明度；撰写实验报告和论文，为其提供实验的依据和证据。

一般来说方案包括标题、实验设计表、假设、实验材料清单、方法步骤，如果是一个小组合作的实验，还需要加上组员的分工安排。

撰写研究方案是一个过程，不能一蹴而就。如果是一个小组合作的研究，那么你还需要经常跟你的组员以提问的形式来进行头脑风暴，让小组最终形成一个比较合理的方案，能够在书面上阐明你们真正打算做的实验是什么。如果是一个学生团队的研究，你们可以在撰写的时候请教老师，让老师对你们的方案提出相应的建议，直到老师和组员达成一致，最终形成一个完整的研究方案。

如何撰写研究方案的内容？

拿出六份空白的草稿纸，分别在草稿纸上写出六个关键词：标题、假设、实验设计表、方法步骤、材料清单、组员分工。然后将研究方案的每一部分内容都写在与其对应的草稿纸上。

（一）标题

列出研究项目的基本标题。标题应该简洁、明了，且内容丰富，标题要按科学风格撰写，尽量不要用问句，标题中至少要包括自变量和因变量，而且标题越具描述性越好。研究方案的标题是对研究内容和目的的简要概括，它应该具有以下特点。

（1）准确：反映研究的主题、范围和方法，避免出现模糊或误导的词语。

（2）简洁：用最少的词语表达最多的信息，避免出现冗长或重复的词语。

（3）吸引人：能够引起读者的兴趣和好奇，避免出现平淡或晦涩的词语。

如何撰写一个好的研究方案的标题，你可以参考以下步骤。

（1）确定研究的关键词：根据研究的主题、问题、目的、方法和结果，选择能够代表研究的核心概念的词语或短语。

（2）组合关键词：根据语法和逻辑的规则，将关键词按照重要性和相关性的顺序排列，形成一个完整的句子。

（3）修剪标题：删除不必要或多余的词语，如介词、冠词、连词等，使标题更加紧凑和精炼。

（4）检查标题：检查标题是否符合研究方案的格式要求，是否有拼写或语法错误，是否能够清晰地传达研究的信息。

结合本章选取的范例，我们可以根据参考步骤来练习如何撰写标题。

第一步，确定研究的关键词。我们需要了解实验要研究的内容是"土壤湿度对太阳花生长的影响"。在这个描述中我们可以找到两个词"土壤湿度""太阳花生长"。这两个词中包含着实验的自变量和因变量，因为我们需要控制土壤的湿度，所以可以把土壤的湿度设置为自变量，改变土壤的湿度会影响太阳花的生长情况，那么太阳花的生长情况就是我们需要观测的结果。因此，我们可以确定研究的关键词就是"土壤湿度"和"太阳花生长"。

第二步，组合关键词。经过第一步我们知道了研究的关键词是"土壤湿度"和"太阳花生长"，那么如何把这两个关键词按照重要性和相关性的顺序排列成一个完整的句子呢？在这两个关键词中，"土壤湿度"是影响"太阳花生长"的原因，所以我们可以先形成第一个草稿：土壤湿度与太阳花生长的关系。如果实验是以小组合作的方式开展，那么在第一稿标题出来以后就需要进行小组内的头脑风暴，同时还应该请老师给出建议，并最终得到大家都认可的标题。

第三步，修剪标题。如果经过讨论和老师的建议，最终形成的标题太长，那么则需要删除不必要或多余的词语，使标题更加紧凑和精炼。

第四步，检查标题。经过反复的讨论和修剪标题后，最终会形成一个大家认可的标题，那么这个时候我们应该检查标题是否符合研究方案的格式要求，是否有拼写或语法错误，同时再次确认标题中的自变量和因变量是否可测。如果标题经确认后无误，那么我们就可以进入撰写研究方案的下一阶段内容——撰写假设。

（二）假设

前文已经详细讲述了如何撰写假设，当我们确定标题以后，就可以按照前面所学的方法完成假设的撰写，并将假设以文本的形式呈现出来，方便我们把它填入实验设计表中。

（三）实验设计表

在前面第二章的学习中，我们已经学会了如何设计一个项目实验研究方案表，下面我们先在草稿纸上准备一个空白的实验研究方案表，并把相关的内容写入表格中，具体的方法我们可以参考第二章。在完成项目实验研究方案表以后，你可以和小组成员展开讨论，或者在完成之前和小组的成员一起进行头脑风暴，同时也可以请老师给你一些指导意见。实验研究方案是一份详细的文档，要尽可能根据研究的主题合理地确定自变量和因变量。在这个环节我们可以初步确定实验组和控制组，但是因为我们在这个环节还无法确定实验的材料清单，所以这个实施方案只是临时的，并不是最终确认的实验内容。我们可以在后续完成材料清单以后，再补充控制组和实验组的相关内容。

在小组成员完成讨论以后，可以先撰写你们的实验研究方案表，同时，也可以参考书中提供的案例，具体案例如表3-1所示：

表3-1

土壤湿度与太阳花生长的关系	
假设	在同一个种植环境中，土壤湿度越小，太阳花生长速度越快，反之，土壤湿度越大，太阳花生长速度越慢。
常量	实验组有相同的时间。 实验样本的光照强度相同。 实验样本的种植泥土样本相同，均来自同一块土地。 太阳花品种相同，均来自同一母体样本。

续 表

土壤湿度与太阳花生长的关系	
常量	实验样本种植于同一类型和大小的容器中。 实验样本施肥量相同。 每天在同一时间进行观察测量。
自变量	实验样本的土壤湿度。
因变量 定量数据	测量太阳花植株的高度和叶子的数量。
因变量 定性数据	观察太阳花的整体状况（如枯萎现象、焦叶现象）。
控制组	土壤相对湿度30%。
实验组	实验组1：土壤相对湿度10%。 实验组2：土壤相对湿度50%。 实验组3：土壤相对湿度70%。

（四）方法步骤

这一部分是要描述如何进行实验设计中的各个步骤，实验的步骤应该描述得尽量详细，可以让其他人读后也能够重复实验。方法步骤是方案表中的重要部分，它描述了实验的具体操作流程，以便于实验的顺利进行和结果的有效记录。这部分内容阐述了实验"如何做"和"用多少"的问题，是研究方案中篇幅最多的内容。在撰写方法步骤时应该要注意以下几点：

（1）方法步骤应该清晰、完整、具体和有序，避免使用模糊或不确定的语言，如"大约""可能""一些"等。

（2）方法步骤应该按照实际操作的顺序排列，每一步都应该用数字或字母标注，以便于阅读和参考。

（3）方法步骤应该包含所有必要的信息，如操作时间、温度、量度、观察指标等，以及可能影响实验结果的因素，如环境条件、误差来源等。

（4）方法步骤应该与实验目的、假设和变量相一致，体现出实验的逻辑性和合理性。

（5）方法步骤应该简洁明了，避免出现重复或冗余的信息，同时也不要忽略重要的细节。

撰写方法步骤的过程，其实也是一个我们对实验的梳理过程，我们要尽可能地把每一个操作步骤撰写详细，尽可能地做到可查、可复盘。同时，对于数据的出现次数和频率也要做一个大概的预测，有一些实验数据产生速度非常快，那么我们就需要把观察的次数安排得更频繁一些，观察的时间间隔安排地更短一些。但是对于数据产生速度非常慢的实验，也许两至三天收集、记录一次数据用于分析就可以了。

撰写方法步骤的过程，是非常复杂和烦琐的，我们在撰写的时候只需要描述实验操作的过程和方法，尽量避免在描述的语句中出现自己的预测或结论。所有的观察数据和实验结果都需要在后续的实验过程中通过测量或者观察得到，不应该出现在方法和过程里面。

如表3–2所示是一部分撰写方法步骤的示例：

表3–2

土壤湿度与太阳花生长关系方法步骤（部分）	
1	准备四个大小和形状相同的花盆，分别标记为1号、2号、3号、4号。
2	在同一块土地上取土，并使用机械使土块破碎。
3	将破碎后的土块按相同的重量分别装入四个花盆中。
4	在四个花盆中分别插入土壤湿度传感器，并确保每个传感器都能正常工作。
5	按照设计表中实验组的设置，给每个花盆设定土壤湿度。
6	在四个花盆中分别植入十棵已经萌芽的太阳花种子。
7	每天9：00观察并记录花盆中土壤湿度的百分比数值，如果数值偏离设置值，则安排浇灌，使土壤湿度达到预设百分比为止。
8	每天9：30观察、测量并记录太阳花的生长情况。

你在完成方法步骤的撰写后，可以对比一下示例中的方法步骤，检查自己撰写的内容是否按步骤完整地设计了实验的过程。

（五）实验材料清单

实验材料清单是一项实验研究的重要组成部分，它列出了实验所需的所有材料，如耗材、测量工具和仪器，以及它们的数量、规格、来源和价格等信息。实验材料清单的作用是帮助实验者准备好所需的材料，避免在实验过程中出现短缺或不匹配的材料，同时也便于实验者对实验成本进行估算和控制。

那么，如何撰写项目实验研究方案表中的材料清单呢？以下是一些建议：

（1）在开始撰写材料清单之前，应该先确定好实验的方法和步骤，以及每个步骤所需的材料，这样可以避免遗漏或重复记录材料，也可以根据实验的逻辑顺序来整理材料清单。

（2）在列出材料时，应该尽量使用准确、具体和标准化的名称。例如，应该使用"硫酸"而不是"酸"，使用"玻璃试管"而不是"试管"，使用"电子天平"而不是"天平"等。这样可以减少歧义，也可以方便实验者在市场上寻找和购买相应的材料。

（3）在列出材料的数量时，应该根据实验的规模和重复次数来确定具体数量，避免准备过多或过少的材料。例如，如果实验需要重复三次，那么每种材料的数量应该乘以三。同时，也应该考虑到实验过程中可能发生的损耗或浪费，以及实验后可能需要保存或处理的剩余材料，给出合理的数量范围或估计值。

（4）在列出材料的规格时，应该根据实验的要求和精度来确定，避免使用不合适或不一致的规格。例如，如果实验需要测量液体的体积，那么应该使用刻度明显、容量适中、误差小的量筒或烧杯等器皿，而不是使用无刻度、容量过大、误差大的玻璃瓶或塑料桶等器皿。

（5）在列出材料的来源时，应该给出可靠、合法和便捷的渠道，避免使用难以获取、违法或不安全的渠道。例如，如果实验需要使用危险品或受限品，那么应该从正规、有资质和有监管的供应商处购买，并遵守相关的法律法规和安全规范。同时，也应该考虑到材料的运输、储存和使用等环节可能涉及的时间、费用和风险等因素。

（6）在列出材料的价格时，应该给出合理、公正和透明的数据，避免使用过高或过低、不公平或不真实的数据。例如，如果实验需要使用昂贵或稀缺的材料，那么应该从多个渠道收集，比较价格信息并给出平均值或最低值等参考数据。同时，也应该考虑到材料的质量、保质期和有效期等因素，以及实验成本的预算和控制等问题。

结合表3-2中所展示的方法步骤，我们可以得出如表3-3所示的材料清单表：

表3-3

土壤湿度与太阳花生长关系实验材料清单（部分）				
序号	材料名称	单位	数量	材料说明
1	花盆	个	4	大小、形状相同，并作好记号。
2	泥土	克	8000	在同一地块取样，并破碎成颗粒状。
3	湿度传感器	套	4	数值型。
4	太阳花种子	颗	40	种子已经萌芽，可移栽状态。
5	带刻度直尺	把	1	刻度清晰并且无变形。

观察上列实验材料清单，我们可以发现在材料清单中需要把材料的名称、单位、数量，以及材料的说明罗列清楚，这样便于我们后续在开展实验的过程中核查材料准备情况，使实验能够顺利开展。

（六）组员分工

项目研究实验方案表是一种用于规划和管理项目研究实验的工具，它可以帮助项目组成员明确自己的职责和任务，以及与其他组员的协作方式。项目研究实验方案表中的一个重要内容就是组员分工，即指定每个组员在项目研究实验中承担的角色和工作内容。组员分工是为了提高项目研究实验的效率和质量，避免工作重复和资源浪费，以及促进组员之间的沟通和合作。组员分工的原则是根据每个组员的专业背景、技能水平、兴趣爱好、时间安排等因素，合理地分配项目研究实验中的各项任务，使每个组员都能发挥自己的优势，同时也能学习到新的知识和技能。组员分工的方法是通过讨论和协商，达成一致意见，然后将分工结果填写在项目研究实验方案表中。项目研究实验方案表中应该包含以下信息：

（1）项目名称：简要描述项目的主题和目标。

（2）项目组成员：列出所有参与项目研究实验的人员姓名和联系方式。

（3）项目组长：指定一个负责协调和监督项目研究实验的人员，通常是具有较强领导能力和组织能力的人员。

（4）项目分工：按照项目研究实验的流程，将各项任务分配给不同的组员，并说明每个任务的具体内容、预期结果、完成时间、所需资源等。

（5）项目进度：制订一个详细的时间表，标明每个任务的开始时间和结束时间，以及各个阶段的里程碑。项目进度可以采用泳道图来呈现，便于每个成员都能清楚地了解项目的进程，以及时间安排。

（6）项目评估：确定一个评价项目研究实验成果的标准和方法。

如表3-4所示是一个组员分工的示例：

表3-4

探究土壤湿度与太阳花生长关系组员分工表	
项目成员	李雅X（A）、朱奕X（B）、刘思X（C）
项目组长	李雅X
项目分工	李雅X：负责设计项目研究方案、准备实验材料、撰写实验报告、协调并组织组员开展实验活动。 朱奕X：负责执行实验操作、记录实验数据、制作实验数据图表。 刘思X：负责分析实验数据、撰写实验结论、制作实验展示。
项目进度 如图3-1	1月1日—5日：设计实验方案，准备实验材料； 1月6日—3月16日：执行实验操作，记录实验数据； 3月17—21日：分析实验数据，撰写实验报告和结论； 3月22日：提交并展示实验成果。
项目评估 如表3-5	根据以下标准对每位组员的任务完成情况进行评价： 实验方案是否合理、完善、创新。 实验操作是否规范、准确、安全。 实验数据是否完整、有效、真实。 实验报告是否清晰、详细、规范。 实验结论是否合理、有依据、有启发。 实验图表是否美观、直观、有说服力。 实验展示是否流畅、有条理、有互动。

如图3-1所示是项目进度安排：

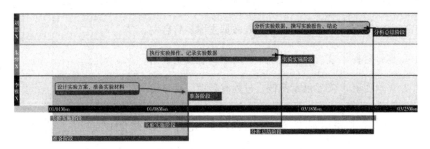

图3-1

如表3-5所示为项目评估的标准：

表3-5

姓名		实验研究任务分工			
工作内容与要求	预计完成时间	实际完成时间	完成情况		签名
	月 日	月 日			
	月 日	月 日			
	月 日	月 日			
	月 日	月 日			
	月 日	月 日			
综合评价					
评价指标	指标说明		优秀	良好	一般
1.实验方案	方案设置合理、内容完善、方法创新。				
2.实验操作	实验操作规范、过程准确、安全。				
3.实验数据	实验数据完整、获取途径真实、有效。				
4.实验报告	实验报告清晰、内容详细、书写规范。				

续 表

评价指标	指标说明	优秀	良好	一般
5.实验结论	实验结论合理、有数据支撑、有启发。			
6.实验图表	实验图表美观、能清晰直观说明数据。			
7.实验展示	实验展示流畅、过程有条理、有互动。			

　　经过前面讲解的按部分撰写研究方案，我们已经有了研究方案各部分的草稿。在完成草稿后，我们需要把六份草稿整合成一份完整的研究方案。在整理的过程中需要注意草稿的语言描述，以及表格内容的完善，同时和组员再一次交流讨论，在讨论交流的过程中，可以征求老师的意见。结合老师的反馈建议，在小组成员最终的决议达成一致后，把研究方案形成最终的书面版本。

　　以下是整合后的研究方案示例：

探究太阳花的生长情况与种植土壤的湿度关系

1. 实验研究表（表3-6）

表3-6

探究太阳花的生长情况与种植土壤的湿度关系	
假设	在同一个种植环境中，土壤湿度越小，太阳花生长速度越快；反之，土壤湿度越大，太阳花生长速度越慢。
常量	实验组有相同的时间。 实验样本的光照强度相同。 实验样本的种植泥土样本相同，均来自同一块土地。 太阳花品种相同，均来自同一母体样本。 实验样本种植于同一类型和大小的容器中。 实验样本施肥量相同。 每天在同一时间进行观察测量。

续 表

探究太阳花的生长情况与种植土壤的湿度关系	
自变量	实验样本的土壤湿度。
因变量 定量数据	测量太阳花植株的高度和叶子的数量。
因变量 定性数据	观察太阳花的整体状况（如枯萎现象、焦叶现象）。
控制组	土壤相对湿度30%。
实验组	实验组1：土壤相对湿度10%。 实验组2：土壤相对湿度50%。 实验组3：土壤相对湿度70%。

2. 实验方法步骤表（表3-7）

表3-7

探究太阳花的生长情况与种植土壤的湿度关系方法步骤（部分）	
1	准备四个大小和形状相同的花盆，分别标记为1号、2号、3号、4号。
2	在同一块土地上取土，并使用机械使土块破碎。
3	将破碎后的土块按相同的重量分别装入四个花盆中。
4	在四个花盆中分别插入土壤湿度传感器，并确保每个传感器都能正常工作。
5	按照设计表中实验组的设置，给每个花盆设定土壤湿度。
6	在四个花盆中分别植入十棵已经萌芽的太阳花种子。
7	每天9：00观察并记录花盆中土壤湿度的百分比数值，如果数值偏离设置值，则安排浇灌，使土壤湿度达到预设百分比为止。

探究太阳花的生长情况与种植土壤的湿度关系方法步骤（部分）	
8	每天9：30观察、测量并记录太阳花的生长情况。
9	分析自变量数据与因变量结果的关系。
10	……

3. 实验材料清单（表3-8）

表3-8

探究太阳花的生长情况与种植土壤的湿度关系材料清单（部分）				
序号	材料名称	单位	数量	材料说明
1	花盆	个	4	大小、形状相同，并作好记号。
2	泥土	克	8000	在同一地块取样，并破碎成颗粒状。
3	湿度传感器	套	4	数值型。
4	太阳花种子	颗	40	种子已经萌芽，可移栽状态。
5	带刻度直尺	把	1	刻度清晰并且无变形。
6	计算机	台	1	有数据分析、制作汇报材料工具。

4. 组员分工表（表3-9）

表3-9

探究太阳花的生长情况与种植土壤的湿度关系组员分工表	
项目成员	李雅X（A）、朱奕X（B）、刘思X（C）
项目组长	李雅X

续　表

探究太阳花的生长情况与种植土壤的湿度关系组员分工表	
项目分工	李雅X：负责设计项目研究方案、准备实验材料、撰写实验报告、协调并组织组员开展实验活动。 朱奕X：负责执行实验操作、记录实验数据、制作实验数据图表。 刘思X：负责分析实验数据、撰写实验结论、制作实验展示。
项目进度 （图3-1）	1月1日—5日：设计实验方案、准备实验材料； 1月6日—3月16日：执行实验操作、记录实验数据； 3月17—21日：分析实验数据、撰写实验报告和结论； 3月22日：提交并展示实验成果。
项目评估 （表3-5）	根据以下标准对每位组员的任务完成情况进行评价： 实验方案是否合理、完善、创新。 实验操作是否规范、准确、安全。 实验数据是否完整、有效、真实。 实验报告是否清晰、详细、规范。 实验结论是否合理、有依据、有启发。 实验图表是否美观、直观、有说服力。 实验展示是否流畅、有条理、有互动。

在把研究方案整理成一份正式的文本资料后，可以先让老师确认是否同意实施，同时也要附上项目进度安排（图3-1）和项目任务评价表（表3-5），在得到老师的确认后，我们将开始正式地进入实验阶段。

四、建立实验记录本

写好了研究方案，对实验项目也有了清晰的计划，接下来你就要准备一个记录本来记录在实验研究中收集到的数据。实验记录本是科学研究、工程开发，以及其他实验性工作中的重要工具，用于记录实验过程、数据和结果，通常由实验者或研究团队使用。建立实验记录本的主要目的是确保实验过程的可追溯、可重复和可验证，以及有效管理和保护实验数据。实验记录本可以是纸质的，也可以是电子的，但都应该遵循一定的规范和格式，以保证实验的可信度。实验记录本不仅是科学研究的重要依据，也是知识产权的证明。

（一）建立使用实验记录本的意义

实验记录本是科学研究中不可或缺的一部分，它可以记录实验的目的、过程、结果和分析，以及实验中遇到的问题和解决方案。实验记录本的意义有以下几点：

1. 保证实验的可重复性

实验记录本记录了详细的实验步骤和参数，使得其他人可以按照相同的方法复现实验，从而验证实验的有效性和可靠性。而且详细的实验记录可以帮助实验者快速了解实验的整体情况，避免犯同样的错误，以此保证实验的可重复性。

2. 促进实验的改进和创新

实验记录本可以反映出实验的优缺点，从中看出实验中存在的问题和不足，以及可能的改进方向和创新思路。这样可以帮助研究者在原有的基础上进行优化和改进，或者尝试新的方法和技术。

3. 提高实验的效率和质量

实验记录本可以帮助研究者规划和安排实验，避免重复或无效的实验，进而节省时间和资源。同时，实验记录本可以提高实验数据的准确性和完整性，减少误差和遗漏，以此提高实验的质量。

4. 保护知识产权和学术诚信

实验记录本可以作为研究成果的证据和依据，证明研究者对某一领域或问题的贡献和创新。同时，实验记录本可以防止抄袭和剽窃，维护了研究者的知识产权和学术诚信。

（二）实验记录本的基本用途

实验记录本有三个基本用途，它的基本用途决定了其结构和所包含的内容。

1. 记录实验过程和结果

实验记录本是用来记录实验过程中所有实际发生的事件和现象的原始资料。它记录的内容包括实验目的、实验设计、实验方法、实验结果、实验分析等。实验记录本可以保存实验的过程、采集的数据、分析统计的结果、图表和实验的结论。

2. 实验数据的原始凭证

实验记录本是实验数据的原始记录，是进行科学研究和分析的基础。实验记录本记录了研究者对实验设计的思考，以及对所有可能收集到的数据的推断。完整的实验记录可以确保实验数据的可追溯性，方便日后查阅和分析。每一个实验项目最终都会得到一个结论，而这个结论都是通过实验中的数据对假设进行验证而得到的。实验中的每个收集的实验数据都应该详细记录在实验记录本中，因为每个数据都是验证假证的重要依据。

3. 促进科学交流与合作

实验记录本是对整个实验项目的正式记录。规范的实验记录可以方便其他科研人员了解实验的内容和结果，促进科学交流与合作。其他人通过阅读记录本能理解你的实验过程，知道你是如何进行实验的，并且通过记录本能准确地重复实验。同时实验记录本中包含的实验数据和分析方法可以供其他科研人员参考，帮助他们提高实验的效率和可重复性。

（三）实验记录本的种类

实验记录本的种类有多种，根据不同的领域和需求，可以选择合适的格式和内容。以下是一些常见的实验记录本种类：

1. 根据材质分类

（1）纸质实验记录本

这是最常用的一种实验记录本，通常用于基础研究或应用研究。实验记录本需要详细地记录实验的设计、材料、方法、数据、图表、结论和讨论，以及实验中遇到的问题和解决方案。纸质实验记录本应该使用耐水、耐酸碱、耐撕裂的纸张，并且尽量使用黑色或蓝色的墨水笔写作，以防止字迹模糊或褪色。纸质实验记录本应该按照时间顺序编排，并且每一页都要注明日期、作者和页码。纸质实验记录本尽量不要买活页笔记本或活页夹。在实验中，可能有一些你不喜欢或感觉不理想的数据，用这种笔记本很容易就能去除这些记录页，这对于研究来说是不允许的。在研究的过程当中极不赞成删除错误的证据或不支持假设的数据。笔记本应该如实记录下关于实验的全部事实，因此应该妥善保存实验记录本，不能撕掉实验记录本中的任何一页，更不要随意修改或删除，以保证实验的真实性和可靠性。

（2）电子实验记录本

这是一种利用电子设备和软件来记录实验的方式，通常用于需要处理大量数据或使用复杂仪器的实验。电子记录本可以方便地存储、编辑、搜索和分享实验信息，也可以与其他电子文档或数据库进行关联和对比。电子记录本需要使用专业的软件平台，如LabArchives、ELN等，以保证数据的安全性和完整性。应该定期对电子记录本进行备份，并且使用密码或指纹等方式进行加密和保护。电子记录本应该遵循相同的规范和原则，如注明日期、作者、版本等，并且不要随意删除或修改已经保存的内容。小组进行实验研究需要在线记录的时候，可以采用电子实验记录本，方便组员之间的实验数据及时地更新。

2. 根据需求分类

实验小组一起进行研究的时候，首先要确定是组内成员每个人分别持有一个实验记录本，还是小组共用一个合并整理过的实验记录本。对于这个问题普遍存在着两种不同意见：

（1）个人实验记录本

使用个人实验记录本（纸质或电子网络在线）的理由：

①使小组成员之间的交流成为必然。

②属于个人责任制。

③如果其中一个成员的记录本丢失，小组其他成员还有副本。

④能鼓励个人记录下与其他组员不同的推断。

然而，如果是非现场实验，并且每个成员在数据收集工作中的角色任务不同，这种个人的实验记录本就会很不方便。

（2）小组实验记录本

使用小组实验记录本（纸质或电子网络在线）的理由：

①所有数据可以放在一个地方，每一位成员分别负责一部分任

务，并填写相关的数据。

② 如果是在线数据记录，无论实验在哪里进行，每个成员都可以很容易得到数据。

③ 如果是在线数据记录，组员可同时在实验数据记录本的相应位置上填写自己负责任务的实验数据。

④ 小组实验记录本可以促进成员之间的合作，每一位组员在实验进行当中都可以发表自己的意见和建议。

然而，如果小组里有一名成员他的研究能力不足，这种方式就有可能造成实验数据的不完整，不能均衡地分配任务，以及不能进行平等的合作。

实验记录本的使用方式通常由小组讨论达成一致决定，或由指导老师决定。有时，根据不同的实验需求，可以要求每个人持有自己的实验记录本，以便于评估每个人的实验成果；也可以要求小组共享一个实验记录本，以便于评估小组的实验成果。在没有特殊说明的情况下，本章所列举的实验记录本都为个人持有的实验记录本。

（四）实验记录本的组成部分

实验记录本的内容和结构可能因学科、机构和项目的不同而有所差异，但在大多数记录本里都会含有一些特定的基本组成部分。一般来说，实验记录本都应该包括以下组成部分，分别是：封面、目录、实验方案、实验过程记录等。当然，如果你的实验任务有需要，也可以在此基础上加减或重命名内容标题，以便更适合你们的实验设计。

1. 封面

封面就是实验记录本的第一页，主要展示有关实验的简介信息。封面应该包含实验记录本的标题、实验开展的时间、研究者姓名、联系方式等。实验记录本的封面设计应该简洁明了，方便读者阅读。同时还要突出实验记录本的主要内容，如实验项目名称、实验小组成员、所属单位等。最后，实验记录本封面还应该美观大方，给阅读者留下良好的第一印象。

2. 目录

封面后面两页应该是实验记录本的内容目录。目录应该列出实验记录本中包含的各个章节及页码，方便查阅。目录的制作可以在实验结束后整理实验记录本的阶段再添加，也可以在实验开始之前，在记录本预留的目录空白页上提前预设目录。但是使用后一种方法在实验结束之后，还需要对实验记录本的目录进行重新整理，以确保每个章节与页码能互相对应。

3. 实验方案

实验记录表中的实验方案应该是经过小组成员讨论最终达成一致意见，并且通过老师审批的实验设计方案。这一部分包括标题、实验设计表、假设、实验材料清单、方法步骤，以及组员的分工安排。由于实验记录表只是单纯地记录实验的过程和数据，并不包括对实验任务的评价，所以在前面部分的实验设计方案中可以不附项目任务评价表。

我们可以把已经打印好的方案通过缩小或裁剪纸张大小的方式，让其可以直接粘贴到记录本的纸上，也可以把方案表直接粘贴在实验记录本后面部分。

4. 实验过程记录

接下来要体现在实现记录本中的内容是"实验过程记录"部分。这一部分内容要用到大量的空白页面。当你开始实验时，需要以实验方案设计表中提到的方法与步骤为依据，并将相对应的实验过程记录下来，包括记录日期和对每天所做实验的详细描述。详细而准确的记录对于实验而言至关重要。

为了方便准确地记录实验的过程，你可以在实验记录本中参考表3-10所示案例，提前设计空白表格用于记录实验过程。

表3-10

实验天数	日期	实验过程
1	1月6日	建立实验组和控制组种植样本。
2	1月7日	观察每个样本土壤的湿度百分比，给3号实验组浇水，直到土壤湿度百分比达到50%；给4号实验组浇水，直到土壤湿度百分比达到70%。
3	1月8日	观察每个样本土壤的湿度百分比。
4	1月9日	观测每个样本土壤的湿度百分比。给1号控制组样本浇水，直到土壤湿度百分比达到30%。
5	1月10日	观测每个样本土壤的湿度百分比。给3号和4号实验组浇水。（方法同1月7日）

在上面的示范案例中，有几个细节我们需要注意：表格的第一列是"实验天数"，第二列是"日期"。第一列的信息很有用，注意这一列不是序号，因为在后续的统计分析中，我们需要知道实验天数和样本数据的关系。如在讨论实验结果的时候，往往会提到实验的天数而不是某一个具体的日期，同时我们也可以根据实验的天

数来预测实验的结果。在后续的其他记录表中，我们也将第一列设为实验天数，第二列设为日期。另外还要注意，在记录实验过程的时候，每一次实验活动都应该有一条单独的实验记录，不要将多次实验混在一起。每条实验记录都应该按照时间顺序书写，不要跳跃或回溯。每条实验记录都应该从新的一行开始，不要在空白处插入内容。

（1）讨论交流记录

实验记录本中的"讨论交流记录"部分要记录的是你在实验过程中与小组成员或老师沟通交流的所有内容。记录这些内容非常重要，因为其中会包括实验开始之后如何保持或调整实验设计的意见和建议，也体现了你们在实验开始的时候的想法。对于讨论交流的内容记录尽量要包括交流的日期、关于讨论内容的详细描述、你和小组成员的结论，如果可以还要写上老师对于你们的结论的看法建议。

如果你和小组成员以及老师是采用通信软件（QQ、微信、电子邮件等）沟通的，那么应该把这些书面交流的内容（群组聊天记录或邮件内容）打印出来，并标明日期，写好标签说明，然后直接粘贴到你的实验记录本中。因此，在实验记录本中要预留充足的空白页用来记录这部分内容。当然也可以参考表3-11所示的示例（讨论交流记录表案例），先在空白的页面上设计记录表。

表3-11

实验天数	日期	讨论内容
实验开始前	12月28日	小组讨论决定实验任务分配：组长李雅×负责设计项目研究方案、准备实验材料、撰写实验报告、协调与组织小组成员开展实验活动。实验操作员朱奕×负责执行实验操作、记录实验数据、制作实验数据图表。统计分析员刘思×负责分析实验数据、撰写实验结论、制作实验展示。讨论决定、每次实验都需要全员参与，相关任务工作人员负责完成自身任务，其他组员负责协助并记录相关数据内容。
12	1月17日	经观察，我们的所有植物样本都没有显示有任何的生长现象。因为前期是严格按照实验方法和步骤开展试验的，所以我们怀疑是种子存在问题。在请教老师后，老师的观点是实验期间的天气气温过低，可能会影响种子的生长，老师建议我们在花盆外面包裹一层薄膜用于花盆的保温，同时为了不影响浇水，后续的浇水方式改为浸泡花盆底部渗水的方式。

（2）数据图表

① 数据表

数据表在整个实验记录本中占有很大的比例，它主要用于记录在实验中所得到的各类数据，其中包括定量数据和定性描述数据。要提前组织和设计数据表的内容，同时要养成一个及时记录数据的习惯，以防遗漏。在开始实验之前，要先确定需要收集的数据类型，因为数据类型决定了你的数据表的设计。你也可以参考表3-12的方式设计你的数据表（4号实验组记录表），并在空白的数据表里组织填写你的实验数据。

表3–12

实验天数	日期	定量数据			定性描述
		土壤温度/%	植物高度/mm	叶子数量/片	
25	1月30日	68	22	4	两片子叶呈深绿色，两片真叶大小不一，其中一片真叶完全长出叶片、叶柄和托叶。
30	2月4日	60	25	5	其中一片子叶开始出现枯萎现象，两片真叶呈深绿色，有一片新长出的真叶呈浅绿色。

通过表3–12可以看出，实验的原始数据和定性描述的文字都能在这些表格里很好地呈现出来。在实验过程当中收集的数据称为原始数据，这些数据是没有经过计算或统计处理的。通过这些原始数据我们可以很清楚地看到实验过程中因变量和自变量的变化，它们为实验的结论提供数据支持或证伪。

因为收集的数据种类不同，可能需要在实验中设计不同的表格。例如，你在收集一些定量数据的同时还要做一些定性的观察，这样就可以把定量和定性的描述数据放在同一个表里。无论是定量数据还是定性描述都只能对应一个实验对象，这种数据组织形式需要每个实验对象都有自己的记录表格。例如，表3–8就只记录4号实验组的数据，那么其他实验组的数据也需要如表3-8那样独立地记录。要注意禁止把不同实验组的数据记录在同一个表格里。

在实验的过程中，并不是所有的实验都可以有定量的数据测量，有些时候可能只是记录一些定性的描述，这时候我们就不能再套用表3-8那种模式，而是需要另外设计数据表。在表3-8的案例中，可以不记录植物的定量数据，只记录定性描述数据，同时我们也可以根据定性描述的数据写下你根据数据所做出的解释或推论。推论应该基于你真实的观察，以及你自己对于实验的了解和知识储备。我们也可以根据自己的能力选择不同的记录方式。具体参照4号实验组记录表（表3-13）：

表3-13

实验天数	日期	定性描述	推论
25	1月30日	两片子叶呈深绿色，两片真叶大小不一，其中一片真叶完全长出叶片、叶柄和托叶。	经过观察，叶子变绿可能显示植物已经进入幼苗生长阶段，并且正常生长。
30	2月4日	其中一片子叶开始出现枯萎现象，两片真叶呈深绿色，有一片新长出的真叶呈浅绿色。	子叶已经开始有枯萎现象，说明植物已经开始脱离幼苗生长阶段，进入营养生长阶段。

观察表3-13记录的内容，我们可以发现这种记录方式除了需要把观察到的内容详细记录下来，在推论部分还要具备一定的生物知识储备，否则很难得出正确的推论。如果你是一名教师，可以先尝试让学生按表3-8的方式进行记录，当学生能熟练地在记录表中详细记录定量数据和定性观察的内容之后，再鼓励学生尝试按表3-9的方

式进行记录，并且大胆地得出自己的推论。在学生完成推论以后，你可以收集学生的记录表，帮他们修改推论，并给他们提出相应的建议。如果你是一名学生，可以先按表3-8的方式进行记录，当你非常熟练以后，再尝试用表3-9的方法进行记录和推论。建议你在实验之前，先对实验的内容展开多方面的学习，以增加自己的知识储备，当你有了自己的推论以后，应该让老师帮你修改你的推论结果，并让老师给出修改的意见和建议。

随着实验阶段的不断推进，通过在实验中不断地收集并记录定量数据，我们会发现记录的数据产生了一定的变化，它们可能会呈现递增或递减的现象。这时候我们就可以提前考虑数据的分析问题。在数据分析中，我们经常使用数据表来展示和解释数据的特征和趋势。数据表有多种类型，其中常见的两种是定量数据表和变化总量数据表。

定量数据表是一种用来显示数据的分布和频率的数据表。它通常由两个变量组成，一个是分类变量，一个是数值变量。在本章的案例中，实验的天数为分类变量，植物的高度为数值变量。定量数据表可以用来比较不同类别之间的数值差异，或者分析数值变量的集中趋势和离散程度。

变化总量数据表是一种用来显示数据随时间或其他因素变化的总量或百分比的数据表。它通常由三个变量组成，一是时间或其他因素变量，二是类别变量，三是类别变量的变化趋势。时间或其他因素变量在这里指的是实验的天数，类别变量在这里我们用不同的植物样本的高度来表示。变化总量数据表可以用来比较不同类别在不同时间或其他因素影响下的总体表现，或者分析类别变量在不同时期的变化趋势。

在开始数据分析之前，我们一定要先通过变化总量数据表来收集全部的定量数据。如果实验是以小组的形式开展，可以只要求负责数据分析的成员完成变化总量数据表，也可以根据表3-14的案例在实验记录本中设计一个空白的表格（定量和变化总量数据表案例）。假如我们有用于实验分析的计算机，我们也可以用Excel表格来记录，并最终把记录好的数据打印出来，直接粘贴在实验记录本里。

表3-14

实验天数	日期	1号样本		2号样本		3号样本		4号样本	
		高度	叶数	高度	叶数	高度	叶数	高度	叶数
1	1月6日	0	0	0	0	0	0	0	0
25	1月30日	23	3	28	5	32	5	22	4
30	2月4日	25	4	33	6	36	6	25	5

观察表3-14的数据变化，我们从横向看，可以比较明显地看出不同实验样本的高度在同样的实验天数里都会不同，如3号样本比其他的样本高度更高，同时叶子的数量也和高度数值反映的情况一致。从纵向对比看，不同的样本生长的速度也明显不同。所以，将收集到的定量数据整合在一起，其实也是在做一个初步的数据分析，虽然不能很准确地得出结论，但是我们也可以根据数值的变化，预测实验样本后续的生长趋势。影响植物生长的因素除了土壤的湿度以外，还有其他外部变量，因此我们也要做好监测和记录额外变量的影响情况的工作。

监测和记录额外变量的影响非常重要，我们可以通过测量或文字描述来记录额外的变量。测量的数据和文字的描述应该记录在另外的数据表中，而不应该把它记录在数值表里，例如温度、蒸发率、土地元素含有量、光照强度和时间等。在实验的过程中，如果这些变量因素在各个实验组没有被维持恒定，那么这些额外的变量就很容易对实验结果产生影响。如果我们把这些影响的情况记录下来，那么在后续的分析统计的过程中，我们就可以考虑到这些影响会让实验结果产生偏差，并对实验结论进行相应的修正。因此在实验的过程中，我们可以参考表3–15的案例（外部变量影响的数据表案例）在实验记录本中先设计一个空白的记录表用于记录外部变量影响的数据。

表3–15

实验天数	日期	天气	气温	影响描述
1	1月6日	晴	21 ℃—10 ℃	样本在太阳下暴晒，土壤水分蒸发快。
2	1月7日	晴	22 ℃—12 ℃	样本移入阳台阴凉处。
3	1月8日	晴	20 ℃—12 ℃	＿＿＿＿＿＿＿

② 数据图

在科学研究中，数据图是一种常用的展示方式，它可以有效地将复杂的数据信息转化为直观的图形，便于读者理解和分析。图表用可视化的方法来展示原始数据、描述性统计或推断统计的结果，目的是凸显那些从研究中得到的重要发现。数据图表可以提高信息的传递效率。相比于文字描述，数据图表可以更快地传达数据的主要特征、趋势、关系等，节省了读者的阅读时间和精力。数据图表可以增强信息的可信度。数据图表是基于实验数据的客观呈现，它可以避免研究者主观的解释和误导，让读者自己判断和评估数据的质量和意义。数据图表可以激发信息的创造性。数据图表不仅可以展示已知的信息，还可以引发新的问题和假设，引发读者的思考和探索，促进科学知识的发展。图表展示有很多种方式，你可以根据数据的类型来决定采取哪一种方式最合适，也可以通过图表构造来决定要进行哪些额外的统计分析，以便说明这些数据的重要性。

　　绘制一张图表可以通过手工的方式，也可以使用计算机的电子表格程序等技术来完成。我们在实验的过程中会有很多的数据需要用图表来呈现，手工绘制的方法不但效率不高，而且还有可能造成在绘制的过程中产生误差，影响实验数据的准确呈现，所以一般来说我们还是建议使用计算机中的Excel表格来制作完成图表。但是不管你选择什么样的方法建立图表，都应该将所有关于图表的细节描述记录到实验记录本中的图表、统计分析和结论等相应内容中。同时在制作图表的过程中一定要确保数据的准确性。

　　数据图表的类型有很多，例如柱形图、折线图、散点图、点阵图和饼图等。结合实验内容和研究者的能力水平，本书将重点介绍柱形图、折线图、散点图和饼图。

　　在绘制图表之前，你除了需要根据数据的性质确定数据图表的类型，还需要在设计数据图表的布局和样式时考虑以下几个方面的细节：

　　标题：你的数据图表应该有一个简洁明了的标题，用来说明你的图表展示了什么内容和主题。

坐标轴：你的数据图表应该有清晰的坐标轴，标明横轴和纵轴分别代表什么变量和单位。如果有必要，你还可以添加次坐标轴或对数坐标轴来显示不同尺度的数据。

刻度：你的数据图表应该有合理的刻度，使数据能够在图表上均匀分布，而不是过于拥挤或稀疏，还应该避免使用过多或过少的刻度线，以免造成视觉干扰。

图例：如果你的数据图表包含了多个系列或分类的数据，那么你应该使用图例来说明每个系列或分类的含义和颜色，还应该将图例放在图表的合适位置，使其不遮挡图表中的重要信息。

颜色：你应该使用恰当的颜色来区分不同系列或类别的数据，并突出重点或发展趋势。你应该避免使用过于鲜艳或暗淡、相似或冲突的颜色，以免造成视觉混乱或误导。

标注：如果有必要，你还可以在图表中添加一些标注来说明某些特殊或重要的数据点、区域或现象。要注意使用简洁明了的语言来编写标注，并将其放在合适的位置，使其不影响图表中的其他信息。

在完成了数据图表的制作后，你还需要对其进行一些检查和修改，以确保其没有错误或遗漏并且符合项目研究实验数据图表的要求和规范。你可以从以下几个方面进行检查和修改：

数据：你需要核对你的数据是否准确无误，并且与原始数据源一致。如果发现有错误或异常值，需要及时修正或删除。

逻辑：你需要检查你的数据是否符合逻辑，并且与你的研究问题和假设相一致。如果发现有不合理或不相关的数据，你需要重新整理或写明原因。

精度：你需要检查你的数据是否具有足够的精度，是否与实验方法和条件相匹配。如果发现有过于细致或粗略的数据，你需要重新调整或补充。

清晰度：你需要检查你的数据是否清晰可见，是否与图表的类型和目的相对应。如果发现有模糊或重叠的数据，你需要重新排列或分离。

专业度：你需要检查你的数据是否专业、可信，是否与项目研究实验数据图表的要求和标准相符合。如果发现有不规范或不恰当的数据，你需要重新修改或删除。

数据图表可分为以下几种常见类型：

a. 柱形图

柱形图是一种常用的图表类型，它用长方形的长度来表示数据的大小。柱形图可以用来比较不同类别或系列的数据值，显示数据的变化或百分比，或者展示目标的完成情况。

为了更好地了解柱形图，我们利用第27天的实验数据来说明，具体实验数据如表3-16所示：

表3-16

实验天数	日期	1号样本		2号样本		3号样本		4号样本	
		高度	叶片数	高度	叶片数	高度	叶片数	高度	叶片数
27	2月1日	23	4	30	5	34	6	23	4

通过观察数据表，我们可以发现四个样本的植物高度都不相同，并且叶片数也不相同。如果我们只是用数据表来进行对比的

话，很难直观地区别每个样本之间的差异，所以我们可以用柱形图来表示。如果用垂直的柱形来表示植物的高度和叶片数的话，那么横坐标就可以用来标注四个不同样本。最后我们利用Excel软件对第27天实验样本的数据表生成一个柱形图，如图3-2所示：

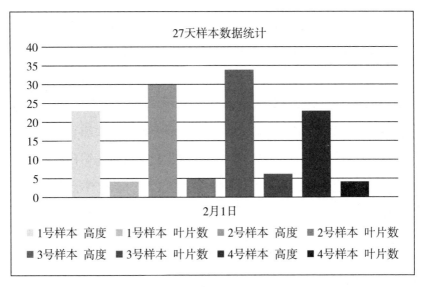

图3-2

图3-2是一个柱形图的例子。通过观察图3-2我们可以很清晰地知道3号样本的植物高度是四个样本中最高的，接着是2号样本的植物高度比1号和4号都要高一些，同时我们也能比较直观地看到3号样本的叶片数也是最多的。根据这两个条件，我们大概可以推断出在实验进行到第27天的时候，3号样本是生长得最茂盛的。当然这只是一天的实验数据，我们也可以根据一段时间的实验数据进行对比，也可以用柱形图表示从第27天至第30天的实验数据。具体实验数据如表3-17所示：

表3-17

实验天数	日期	1号样本		2号样本		3号样本		4号样本	
		高度	叶片数	高度	叶片数	高度	叶片数	高度	叶片数
27	2月1日	23	4	30	5	34	6	23	4
28	2月2日	24	4	31	5	35	6	24	5
29	2月3日	24	4	32	6	36	6	25	5
30	2月4日	25	4	33	6	36	6	25	5

通过观察表3-17的数据，我们发现表中的数据无法直观地将四个植物样本的不同高度进行对比，这时我们就可以采用柱形图的方式来展示四个样本，四天的详细数据。第27—30天样本数据统计图如图3-3所示：

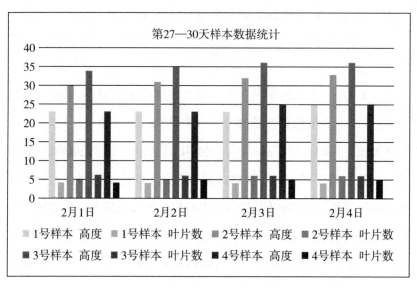

图3-3

我们可以比较清晰地从图3-3中看出四个实验样本在四天里的不同数据。通过对比我们发现，四天都是3号样本的高度最高，说明这四天3号样本的生长情况最好。但是从图3-3中很难看出每个样本在实验过程中的生长趋势，这也说明我们用柱形图无法呈现出数据随着时间发生的变化趋势，因此我们需要引入新的图表类型：折线图。我们利用折线图可以比较直观清晰地掌握实验样本的变化趋势。

b. 折线图

折线图是一种常用的数据可视化工具，它可以显示两个或多个变量之间的关系。折线图由一系列的点和线组成，每个点代表一个数据点，每条线代表一组数据点的变化趋势。折线图可以用来展示伴随时间发生变化的序列数据，比如植物高度、气温变化等，也可以用来比较不同类别或组别的数据，比如不同国家的人口增长、不同年龄等。折线图的优点是可以清晰地显示数据的变化趋势和波动范围，便于比较不同数据集之间的差异和相似性。折线图的缺点是如果数据点太多或太密集，可能会导致图形过于复杂和混乱，难以分辨细节和重点。结合折线图的性质，我们可以在实验过程中，使用折线图来表示植物生长的高度变化。

以下数列是1号样本从实验第1天到第30天的高度数值：

0	0	0	0	0	0	0	0	0	0
0	0	1	1	2	3	5	8	10	12	16	18
20	23	23	23	24	24	25

从数列上看，我们发现数列的数值是逐渐增大的，但是并不能直接地看出数值增大的幅度和趋势。如果我们运用折线图来表示的话，我们就可以很清晰地看出样本的高度变化趋势。图3-4为1号样本的生长高度变化趋势图：

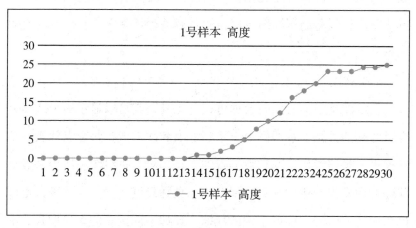

图3-4

　　从图3-4中我们可以清楚地看到，在实验的第14天植物高度开始逐渐增长，增长初期呈现快速增长的趋势，而在后期的时候则相对放缓。折线图可以清晰地展示数据的波动和趋势，同时也可以方便地添加多条线来进行对比。我们可以尝试用折线图分别表示四个样本植物随着实验日期的变化，而发生的高度变化趋势，这样我们就可以很清晰地对比各样本的植物生长情况。1—4号样本生长高度变化趋势图如图3-5所示：

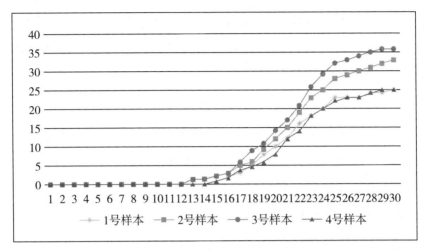

图3-5

图3-5展示3—4号植物样本随着时间变化高度发生的变化趋势。从图中能比较直观地看出四个样本植物都是在增长初期快速地长高，然后从第25天后逐渐进入一个缓慢长高的时期。同时我们也发现1号样本和4号样本的变化趋势非常相似，甚至有一部分的线条是重合在一起的，这也是折线图的缺点之一——如果数据点太多或太密集可能会导致图形过于复杂和混乱，难以分辨细节和重点。

从图3-5中我们可以看出3号样本植物的生长高度变化趋势在第17天后就开始逐渐脱离其他三个样本植物的生长高度变化趋势线，这就说明3号植物样本的生长情况要比其他的三个样本更好。因此我们就可以初步得出结论：3号样本的土壤湿度环境更适合太阳花的生长。

虽然折线图可以比较清晰地表示出两个或多个变量之间的关系以及数值之间的趋势变化，但是当数据点太多或太密集的时候就很容易出现混乱、难以分辨细节和重点的情况。如果我们只需要表示某一系列的数字而不需要展示数值之间的变化趋势，可以选用散点图来展示。折线图和散点图的最大区别在于：散点图不用把点连成线。这样就精简了图形，使图看起来不会那么混乱。

c.散点图

散点图是一种在回归分析中使用的图表，用于表示因变量随自变量变化而变化的大致趋势。它由多个数据点组成，每个数据点都在直角坐标系平面上表示自变量和因变量的值。散点图通常用于比较跨类别的聚合数据。在散点图中，数据点的分布可以帮助我们判断两个变量之间是否存在某种关联，或总结坐标点的分布模式。

散点图和折线图是两种常用的图表类型，它们都可以用来显示两个变量之间的关系，但是有以下几点区别：

第一，散点图有两个数值轴，横坐标和纵坐标都可以表示数值数据，而折线图只有一个数值轴，横坐标通常表示类别数据或时间数据。

第二，散点图中的数据点是以坐标点的形式显示的，而折线图中的数据点是以折线的形式连接起来的。

第三，散点图可以用来探索变量之间的相关性，如线性相关、非线性相关或无相关；而折线图可以用来显示变量随时间或类别的变化趋势。

第四，散点图可以用来做回归分析，找出变量之间的函数关系，而折线图不适合做回归分析。

结合前面1—4号实验样本的高度数据，我们用Excel表格工具生成一个散点图，一起来了解散点图与折线图的区别，如图3-6所示：

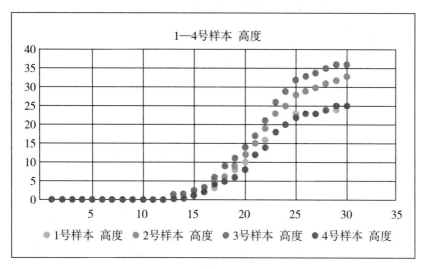

图3-6

通过观察图3-6，我们可以观察到在实验进行到第20天的时候，四个样本植物的不同高度都被标示了出来。与折线图相比，使用散点图的优势在于研究中单一时间间隔出现的多个数据都能被一一记录下来。还要注意的是，点呈现出了大致的倾斜趋势，这显示一个正相关。如果这些点越接近一条直线，那么相关性就越强，点分散得越开相关性就越弱。

d. 饼图

饼图是一种常用的数据可视化工具，它可以用来展示数据的相对比例和分布。饼图的基本原理是将一个圆形分割成若干个扇形，每个扇形的面积和角度与数据的大小成正比。饼图的优点是可以直观地比较数据的大小和占比，而且可以用不同的颜色或图案来区分不同的类别。饼图的缺点是当数据的数量或差异较多时，可能会出现扇形过小或过大，导致难以辨认和比较的情况。此外，饼图也不能很好地表示数据的变化趋势或关系。所以在前文提到的示例中，如果要用饼图来展示样本高度数据之间关系的话就不太适合。

下面我们通过土壤元素含量的占比数据来制作一个饼图。具体数据如表3–18所示：

表3–18

元素	氧	硅	铝	铁	钙	镁	钾	钠	氢	碳	氮	磷	其他
含量占比/%	47	28	8.1	5	3.6	2.1	2.6	0.6	0.1	2.4	0.2	0.1	0.9

通过对表3–12土壤元素含量占比的计算，我们发现在这份抽样土壤中，所有元素含量的占比之和是100%，所以我们可以用饼图来表示它们之间的占比关系，下面用Excel软件工具来制作一个饼图，如图3–7所示：

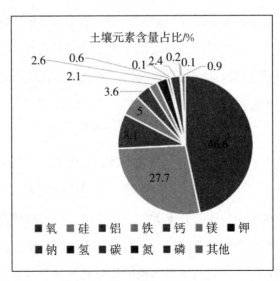

图3–7

从图3-7我们可以比较直观地看出土壤中各种元素含量在土壤中元素总含量的占比，也可以比较明确地掌握含量较多的元素有多少，但是对于一些含量较少的元素我们还是比较难了解他们的占比情况。

（3）照片记录

除了在实验记录本里记录数据和撰写描述之外，把实验过程拍成照片保存也是一种好的办法。实验是检验理论和发现新知识的重要方法。实验的过程和结果需要有可靠的记录和证明，以便于其他研究者复现和验证。照片是一种常用的实验纪实证据，它可以直观地展示实验的设备、材料、操作、现象和数据，有助于提高实验的透明度和可信度。照片可以帮助研究者回顾和总结实验的过程，发现实验中可能存在的问题和改进的空间，以此提高实验的质量和效率。照片可以作为实验结果的直接证明，支持研究者的结论和观点，增强研究的说服力和影响力。照片可以促进研究者之间的交流和合作，分享实验的经验和技巧，进而激发新的想法和创新。照片可以作为实验报告和论文的重要组成部分，向读者展示实验的细节和精彩场景，增加报告和论文的可读性和吸引力。照片是一种非常好的记录方式，可以记录实验的装置和用于收集数据的研究对象以及我们在做实验时候的操作过程和方法。实验时，需要拍摄的内容如下：

① 正在研究的实验。

② 实验的装置，以及实验的整体环境。

③ 同一实验样本的前后对比，也可以是实验组和控制组的对比照片。

④ 收集数据时的情况特写，比如进行测量的特写照片。

在拍摄照片的时候，我们先要确定拍摄的主题以及角度，对拍好的照片要记得做好标签说明或日期。假如我们拍摄的是一组连续的照片，还应该为照片编号。一般来说我们的照片都是使用电子设备进行拍摄，所以我们可以把其中具有代表性的一张或几张照片打印出来粘贴到实验记录本中，其余的照片素材可以按一定的保存规则分类保存在计算机中，并做好备份，以免文件损坏或丢失。

在拍摄的过程中，以下建议有助于你拍好照片：

① 尽量确定一个固定的拍摄位置，使每次拍摄背景都相同，背景与拍摄的实体要有鲜明的对比，一般可以采用白色的背景。

② 拍摄实验对象时要尽可能地靠近拍摄对象，尽量保证每一次拍摄时物体与镜头的距离大致相同，拍摄一些细节时，可以使用相机中的焦距功能。

③ 如果你需要在一组照片中拍摄不同的样本对象进行对比，那么每次拍摄的时候都要把实验对象按照相同的位置、顺序摆放。这样在分析实验结果的时候就能很清晰地看出它们的差异。

有关实验材料和实验装置的照片都是实验记录本的内容。我们可以根据不同的照片内容，将其分别放在不同的记录部分，比如实验材料和装置的照片可以放在"实验过程记录"部分，关于实验数据采集以及实验样本对比的照片则属于"实验数据表"部分。将实验记录本中的照片分类整理好，便于我们在后续的展示汇报环节中容易地把相关的照片放到展示的PPT文件中，同时照片上的标签说明和日期，也让我们能更快地明白照片所要展示的内容。

（4）数据统计分析

在完成了实验数据的收集，并掌握了根据实验数据类型选择合适的图表来表示数据的方法后，接着就要准备统计和分析数据，看看它们是否能支持你的假设。在开始统计和分析数据之前，我们需要了解并掌握一些统计和分析的方法。

统计分析是一种利用数学和统计原理对数据进行收集、整理、分析和解释的科学方法。统计分析可以帮助我们从数据中发现规律、检验假设、评估效果、支持决策等。统计分析的方法有很多，根据不同的目的和数据类型，可以选择合适的方法进行分析。常用的统计分析方法包括描述性统计、推断性统计、回归分析、方差分析、相关分析和因子分析等。掌握这些统计和分析方法可能需要一些专业理论知识作为基础，如果你对一些你自己暂时不能理解和掌握的统计分析方法感兴趣的话，那么建议你找一些相关的书籍进行学习。对于本书所列出来的统计和分析方法，我们只需要基本了解，并且能选择合适的统计分析方法对实验数据进行分析即可。其实在前文我们用图表来表示数据的时候，就已经开始接触一些简单的统计分析过程。本节的内容只是为了更加详细地描述其中的统计和分析方法。

无论我们在统计和分析数据的过程中采用哪些方法或运用哪些工具，都需要在实验记录本中记下实验的一切，实验的一切不但包括实验方案、实验过程记录、讨论交流记录、数据表和图表，还有你对实验数据的统计分析过程，也就是计算的过程。记录下所有的计算过程可以帮助你判断什么是重要的。可能你的实验记录本充满了数据、图表、表格，也许还粘贴有一些电脑打印的材料。虽然这些材料最终不可能全部都出现你的实验报告中，但是我们要明白实验记录本最主要的作用之一是给你提供一个地方记录你在这个实验过程中的观察、预测和分析，所以我们要习惯在实验的数据后面写下自己的实验推测结果。

① 描述性统计

描述性统计是一种主要描述一个数据集里最典型的数字和变异的方法，数据集是指实验结果中所有记录的数据型数据。例如，一个数据集可能包括所有实验组和控制组的测量记录。同时，一个大的数据集也可能包含有若干个小的数据集。描述性统计可以使用图表或数值来表示，常见的图表有直方图、饼图、箱线图等，常见的数值有均值、中位数、众数、标准差、四分位数等。描述性统计可以帮助我们对数据有一个直观和简洁的认识，但不能用于推断总体特征或比较不同组别之间的差异。

描述性统计的方法有很多，常见的有以下几种：

频数分析：对一组数据中不同数值的频数或者数据落入指定区域内的频数进行统计，了解其数据分布状况的方式。通过频数分析，可以反映出样本是否具有总体代表性，抽样是否存在系统偏差，并以此证明后续相关问题分析的代表性和可信性。

中心趋势分析：用一个代表性的数值来概括一组数据的集中程度，反映数据的平均水平或典型特征。常用的中心趋势分析指标有均值、中位数和众数。

离散趋势分析：用一些指标来衡量一组数据的分散程度，反映数据的波动性或稳定性。常用的指标有极差、方差、标准差和四分位数。

相关性分析：用来探究两个或多个变量之间是否存在某种关系，以及关系的强度和方向。相关性分析有不同的类型，根据变量的测量水平和分布特征，可以选择不同的相关系数和检验方法。常用的指标有协方差、相关系数和回归分析。

在以上的描述性统计方法中，使用最多的数据描述方法是对中心趋势的分析和统计变异的测量。下文主要介绍中心趋势的分析和统计变异。

a. 中心趋势的分析

中心趋势的分析是一种量化数据值的典型描述值，这个值可以很好地表现整个数据值的特征。下面我们将讨论中心趋势的三个指标：均值（算术平均数）、中位数和众数。每一个指标都能表现整个数据集，但会突出中心趋势的不同分布方式，每一个中心趋势的指标都可以在分析数据时独立使用。计算众数、平均数和中位数是使用推论统计的关键步骤，在后续的内容中会讲到。

第一，均值（算术平均数）。

均值即平均数，通常也被称为算术平均数。在一个数据集中，均值用来表示数据的集中趋势的最中心点。均值在统计学中具有重要的地位，一般可以描述数据的集中趋势。均值的计算一般分为简单平均数计算和加权平均数计算，我们主要了解的是简单平均数计算。

要计算简单平均数，你需要将数据集中的所有数值的和除以数据的总个数。计算公式为

$$均值 = \frac{\sum x}{n}$$

其中$\sum_x$指数据集中所有数值的和，n指该数据集中数据的个数。

如果我们实验的数据集中有大量的数据需要计算均值，那我们可以借助Excel中的AVERAGE函数来实现。例如，要计算A2到A100单元格中数据的均值，可以在单元格中使用函数"=AVERAGE（A2：A100）"。

在一个实验组中如果出现了多个样本实体，或做了多次实验，那么我们就要计算平均数，因为这样才能和其他组进行组间对比。例如，在探究太阳花的生长情况与种植土壤的湿度关系的实验中，实验组3一共只有十株太阳花样本，在第35天测量出十株太阳花样本的高度分别是42 mm、47 mm、36 mm、37 mm、43 mm、47 mm、33 mm、47 mm、39 mm、37 mm。如果我们这个时候选择最高的一个样本高度或者最低的一个样本高度，去和其他实验组的数据进行对比的话，就容易导致实验结论不严谨。所以我们可以求出实验组3的十个测量结果的均值去和其他实验组的均值进行对比。均值的计算是将所有的测量结果相加，然后除以每组的测量样本个数。计算过程如下：

$$\frac{42+47+36+37+43+47+33+47+39+37}{10} \text{ mm} = \frac{408}{10} \text{ mm} = 40.8 \text{ mm}$$

我们先观察一下这一个数据集的分布情况，基本上都是均匀分布的。那么这个均值也是位于数据集的中间位置，也就是说这个均值左右两端的数值分布比较均匀。用这个均值代表这一个数据集的特征来统计会很有用。

如果我们收集的数据不是均匀分布的，那么计算均值可能就会造成误差。例如，我们在实验中收集了十天的气温数据，并且记录如下：

11 ℃，10 ℃，13 ℃，12 ℃，10 ℃，13 ℃，12 ℃，15 ℃，28 ℃，27 ℃。

那么均值计算过程为

$$\frac{11+10+13+12+10+13+12+15+28+27}{10}\ ℃=\frac{151}{10}\ ℃=15.1\ ℃$$

我们再来观察一下这个数据集中最能代表数据及其特性的数值是什么，是我们计算出来的均值15吗？当然不是。从上面的数据集中可以明显看出能代表数据集的普遍数值应该是在前面部分的13，而后面还存在极端值27和28，也就是说在这一个案例中，我们计算出来的均值并不是用来计算和展示数据的最佳测量值。因为极端值的存在，利用中位数来表示这个数据集或许是更好的选择。

第二，中位数。

中位数是在一个有限和有序的排列数列中位置居中的那个数，将数据集的高低两端区别开，数据由小到大排列，中位数是处于数列最中间位置的那个数值。如果数列中数据量是奇数，中位数是居中的那个数；如果数列中数据量是偶数，则中位数是中间两个数的平均值。中位数可以反映一组数据的集中趋势或平均水平。如果一组数据的分布呈现出"偏峰"状态，即数据大多集中在某一侧，那么中位数就可以代表这组数据的集中趋势或平均水平。如果数列中数据量是奇数，那么确定中位数位置的公式为

$$中位数的位置=\frac{n+1}{2}$$

如果数列中数据量是偶数，那中位数就变成了中间两个数的平均值了。因此，中位数的计算公式应该是

设有一组数据x_1，x_2，x_3，$\cdots$，x_n按从小到大的顺序排列后为

$x_{(1)}$，$x_{(2)}$，$x_{(3)}$，$\cdots$，$x_{(n)}$，则中位数为

当n为奇数时，$M = x_{(\frac{n+1}{2})}$。

当n为偶数时，$M = \dfrac{x_{(\frac{n}{2})} + x_{(\frac{n+1}{2})}}{2}$。

当数据集存在极端值的时候，可以使用中位数。与算术平均数不同，中位数对极端值不敏感，甚至当数据集存在一个或一个以上极端值时，中位数依然可以表示数据集的中间值。例如，前面收集十天气温数据的案例中，就存在有极端值27和28，我们也计算了这个数列的均值是15.1，但如果我们用中位数来展现数据集的特征的话，我们通过计算可以得知这个数列它的中位数是12.5。所以，在这一个数据集中中位数比均值更能代表数据集的特性。

中位数和均值的区别在于，均值表示数值的数值中点，中位数是指数据集中位置排在中间的那个数。也就是说，中位数可以指出数据集中的第几个数据，而不是这些数据的所有数值。如果我们把前面收集到的10个气温数据按从小到大的顺序排列后生成新的数据集{10，10，11，12，12，13，13，15，27，28}，在这个数据集中，一共有10个数据，中间数是第5位和第6位的平均数，因为它们前后各有4个数据。也就是说，这个数列的中位数是12.5。

我们可以借助Excel的MEDIAN函数来快速计算一组数据的中位数。例如，要计算A2到A100单元格中的中位数，可以在数据集外的单元格中输入函数"=MEDIAN（A2：A100）"来快速计算这组数据的中位数。

第三，众数。

众数是一组数据中出现最多的变量值，它不受极端值的影响。从分布的角度看，众数是具有明显集中趋势的数值，主要用于测度分类数据的集中趋势、离散程度和分布形态等，它对于分析数据分布和进行决策有一定的参考价值。例如，老师可以用这个趋势来分析一次考试中哪个题目对学生来说最难——学生答错最多的题目。再比如，我们在实验过程中收集了11个气温数据，11 ℃，13 ℃，13 ℃，12 ℃，13 ℃，13 ℃，12 ℃，15 ℃，14 ℃，13 ℃，在这组数据中，12 ℃出现了2次，13 ℃出现了5次。由于13 ℃出现的次数最多，所以它就被称为这个数据集的众数。在一组数据中，众数可能不存在，也可能有两个或者多个众数。例如，在数据集｛25，43，43，44，48，48，49，51，53，55｝中，43和48都出现了两次，也就是说，在这个数据集里有43和48两个众数。还有一种数据集中的每个数据都是只出现了一次，比如在数据集｛40，41，43，44，45，46，48，50，52，53｝中，所有的数据都只出现了一次，那么这个数据集就没有众数。在使用众数的时候最好和其他表示集中趋势的测量指标结合在一起，而不是单独使用。但是值得注意的是，一般数据量较大的情况下众数才有意义。当一个数据集中数据量很大的时候，我们需要快速地计算众数，可以用Excel表格中的MODE函数公式来实现。MODE函数是Excel内置的统计函数，其语法为MODE（number1，number2，…），可以计算选定数据范围或数字列表中的众数。例如，要计算A1到A10单元格中的众数，可以使用函数"=MODE（A1：A10）"。

我们已经学习了集中趋势的3个指标：均值、中位数和众数。这三种指标各有优缺点，适用于不同的数据类型和分布情况。

均值是最常用的集中趋势指标，它是所有数据的算术平均值，反映了数据的总体水平。均值的计算方法很简单，只需将所有数据相加，然后除以数据个数即可。均值适用于连续型数据，尤其是呈对称分布或近似正态分布的数据。均值的优点是能够充分利用所有数据的信息，具有较高的稳定性和代表性。均值的缺点是受极端值的影响较大，如果数据中存在离群值或偏态分布，均值就不能很好地反映数据的中心位置。

中位数适用于连续型数据和有序型数据，尤其是呈偏态分布或存在极端值的数据。中位数的优点是不受极端值的影响，能够较好地反映数据的中心位置。中位数的缺点是没有充分利用所有数据的信息，对于呈对称分布或近似正态分布的数据，不如均值具有代表性。

众数的优点是直观易懂，能够反映数据的主要特征。众数的缺点是不一定存在，也不一定唯一，而且没有充分利用所有数据的信息，对于呈对称分布或近似正态分布的数据，不如均值具有代表性。

综上所述，三种集中趋势指标各有特点，应根据具体情况选择合适的指标来描述数据。一般来说，如果数据呈对称分布或近似正态分布，可以使用均值；如果数据呈偏态分布或存在极端值，可以使用中位数；如果数据为分类型或需要反映最常见水平，可以使用众数。

②统计变异

统计变异是指在统计分析中，由于随机因素或测量误差导致的数据之间的差异。这些差异也被称作变异、统计离差、散布或离差。统计变异是一个重要的概念，它可以帮助我们了解数据的分布、稳定性和可靠性。统计变异也可以用来评估统计假设的有效性，比如检验两个样本是否来自同一总体，或者检验某个因素是否对结果有显著影响。

统计变异有两种主要的来源：内部变异和外部变异。内部变异是指同一总体中个体之间的自然差异，如不同人的身高、体重等。内部变异反映了总体的多样性和复杂性，通常无法消除或控制。外部变异是指由于测量条件、方法、工具等因素造成的数据之间的差异，如不同实验室、仪器、操作者等对同一样本的测量结果可能不一致。外部变异反映了测量过程中产生的误差和不确定性，通常可以通过改进测量技术或增加测量次数来减少或消除。

统计变异可以用不同的方法来度量和描述，常用的有方差、标准差、极差、四分位数间距等。这些方法都可以反映数据的离散程度，即数据与其平均值之间的偏离程度。一般来说，数据的离散程度越大，表示数据之间的差异越大，统计变异越大；反之，则表示数据之间的差异越小，统计变异越小。统计变异的大小会影响统计推断的精确度和可信度。因此，在进行统计分析时，需要对数据的变异进行合理地估计和处理。

接下来，我们主要了解以下几种统计变异的度量指标：极差、四分位距、方差、标准差、前后变化以及变化率。

第一，极差。

极差是一种衡量数据离散程度的统计量，它表示数据中的最大值和最小值之间的差值。用它来表示一个数据集中测量值或数据的分布程度，它也被称作数据的全距。换句话说，全距就是告诉你数据集中最大值和最小值之间的距离有多远。极差越大，说明数据的波动范围

越大；极差越小，说明数据的波动范围越小。极差的计算公式是

$$R=x_{max}-x_{min}$$

其中，**R**是极差，x_{max}是数据中的最大值，x_{min}是数据中的最小值。例如，如果一组数据是65，81，73，85，94，79，67，83，82，那么这组数据的极差是

$$R=94-65=29$$

极差是一种简单直观地描述数据变异的指标，但它只取决于数据的两个极端值，不能反映数据的整体分布情况，容易受到异常值的影响。因此，极差不能用来比较不同数据集的离散程度，而方差或标准差等相对统计量更适合用来进行比较。

第二，四分位距（IQR）。

另一个表示数据离散程度的指标是四分位距，也被称为四分位差或四分差。在了解四分位距之前，我们要先掌握什么是四分位数，并且知道如何找出数据集中的四分位数。四分位数是一种分位数，即把数据集中所有的数值按从小到大的顺序排列，并分成四等份，处于三个分割点位置的数值就是四分位数。四分位数有三个，分别是第一四分位数（Q1），第二四分位数（Q2，也是中位数），第三四分位数（Q3）。四分位数的计算方法包括不同的公式，但是在计算之前要先把数据集中的所有数据按从小到大的顺序排列，然后再进行计算。

四分位数的常用计算公式是

（1）如果数据集中数据的个数n可以被4整除，那么Q1是第$\frac{n}{4}$个数据，Q2（中位数）是第$\frac{n}{2}$个数据，Q3是第$\frac{3n}{4}$个数据。

（2）如果数据的个数n不能被4整除，那么Q1是第$\dfrac{n+1}{4}$个数据与第$\left(\dfrac{n+1}{4}+1\right)$个数据的平均值，Q2（中位数）是第$\dfrac{n+1}{2}$个数据与第$\left(\dfrac{n+1}{2}+1\right)$个数据的平均值，Q3是第$\dfrac{3(n+1)}{4}$个数据与第$\left[\dfrac{3(n+1)}{4}+1\right]$个数据的平均值。

假如在一个数据集中有大量的数据，那么在计算四分位数的时候就会非常麻烦，这时候我们可以用Excel函数QUARTILE来计算数据的四分位数。

例如，假设你的数据在单元格A2到A13中，那么我们可以在需要输出四分位数据的单元格中输入以下公式来计算四分位数：

第一四分位数（Q1）：=QUARTILE（A2：A13，1）

第二四分位数（中位数）：=QUARTILE（A2：A13，2）

第三四分位数（Q3）：=QUARTILE（A2：A13，3）

在计算出数据集中的四分位数之后，我们就可以通过四分位距的计算公式：IQR=Q3−Q1计算出这个数据集的四分位距。例如，前面所提的数据集：65，81，73，85，94，79，67，83，82。如果我们要计算这个数据集的四分位距的话，首先我们要将这个数据集按从小到大的顺序进行排列，得到一个新的数列：65，67，73，79，81，82，83，85，94。按照四分位数的计算公式我们可以得到第一四分位数是70，并用Q1符号标注出来；第三四分位数是84，用Q3标注。要计算IQR，就用第三四分位数减第一四分位数，即84−70=14，就是这个数据集的IQR=14。计算IQR对确定离群值很有用，同时在我们计算出IQR后，要用箱线图表示出来。

离群值（也称为极端值）是指在数据中有一个或几个数值与其他数值相比差异较大。通常，这些数值与其余观测值存在显著的偏离。离群值可能出现的原因有两种：

一种是总体固有变异的极端表现。这类离群值是真实而正常的数据，只是在特定实验或观测中表现得有些极端。这些离群值与其余观测值属于同一总体。

另一种是实验条件、实验方法的偶然性，或观测、记录、计算时的失误。这类离群值是一种非正常的、错误的数据，与其余观测值不属于同一总体。

在统计分析过程中，我们可以通过以下方法判断离群值：

数值超过某个标准值，这是常用的方法之一。观察数据中的最大值或最小值，判断是否超过了理论范围值，是否存在明显不符合实际情况的错误。

箱形图（四分位距）判断：如果观测值距箱式图底线Q1（第一四分位数）或顶线Q3（第三四分位数）过远，如超出箱体高度的两倍，则可视该观测值为离群值。为了方便判断，我们可以利用一个公式进行计算来判断。假设y是数据集中的一个数值，如果y满足以下条件，就属于离群值：

$$y < Q1 - (2 \times IQR) \text{ 或 } y > Q3 + (2 \times IQR)$$

正态分布时，可用均数加减2.5倍标准差来判断。

线性回归方法也可用于判断离群值。

下面我们通过一个简单的示例来描述一下如何判断离群值。首先让我们再回到前面测量的温度数据集｛11 ℃，10 ℃，13 ℃，12 ℃，10 ℃，13 ℃，12 ℃，15 ℃，28 ℃，27 ℃｝，我们先计算出

数据集的第一四分位数和第三四分位数，以及四分位距，即

$$Q1=11.25$$

$$Q3=14.5$$

$$IQR=3.25$$

如果要判断28是不是离群值，我们可以套用Q3的第二个公式，因为这个数值是处于数据集的后段而不是前段。也就是说

$$14.5+（2×3.25）=21$$

因为28＞21，所以我们从数学上判断，在这个数据集中，28是离群值，同理可证，27也是离群值。运用这个计算公式可以帮助我们判断哪些数据在进行统计分析的时候可以不予考虑。

由于离群会破坏数据，所以在计算时最好不要采用，但是我们要确保离群值与自变量无关。一般我们处理离群值的方法包括以下几种：保留离群值并用于后续数据处理；在找到实际原因时修正离群值，否则予以保留；剔除离群值，不追加观察值；剔除离群值，并追加新的观察值或用适宜的插补值代替。

四分位距和箱形图的关系密切，四分位距通常用于构建箱形图，以及对概率分布进行简要的图表概述。所以我们在了解四分位距的同时，有必要了解一下箱型图。

箱形图是一种用于可视化数据分布和检测异常值的图表。它展示了数据的中位数、四分位数，以及可能存在的异常值。

箱形图主要包括以下几个组成部分：

箱子：箱子的上边缘和下边缘分别表示数据的第三四分位数（Q3）和第一四分位数（Q1）。箱子内部的线表示数据的中位数。

胡须：胡须延伸出箱子，通常是1.5倍的IQR（四分位距）。胡

须上方和下方的数据点被视为潜在的异常值。

异常值：胡须之外的数据点，可能是数据中的异常值。

下面我们通过一个具体的箱形图示例来了解一下箱形图的各部分内容，如图3-8所示：

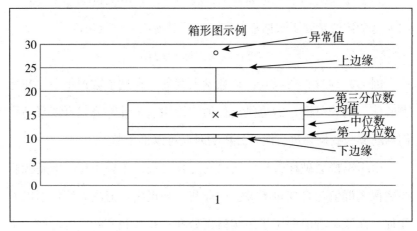

图3-8

箱形图有助于我们理解数据的分布情况，同时也能帮助我们识别潜在的异常值。通过观察箱形图，我们可以判断数据是否对称、是否存在偏斜，以及获知数据的离散程度。

在绘制箱形图的时候，为了避免手工绘制时出现的误差，一般建议用软件工具Excel来进行绘制。比如，我们可以选中单元格中的数据，利用Excel中插入图表的模块来进行绘制。

第三，方差。

在统计学中，方差是一种衡量数据分散程度的指标。方差的定义是每个数据与平均值的差的平方的平均值。它反映了数据与其均值之间的偏离程度。方差越大，说明数据越分散，波动越大，也越不稳定；方差越小，说明数据越集中，波动越小，就越稳定。因此，方差可以帮助我们了解数据集中数据的变化情况，如数据的波动性、离散性、可靠性等。方差也可以用来比较不同数据集之间的差异，比如两组实验的结果。

如果我们已知一个总体的所有数据，那么可以用总体方差来描述这个总体的分散程度。总体方差的计算公式为

$$\sigma^2 = \frac{\sum (x - \mu)^2}{n}$$

在公式中，$\sum$代表计算后面数据的总和，x是数据集中每一个独立的数据，μ是所有数据的算术平均值，n是这个数据集的数据个数，$(x-\mu)$是让你计算每一个数据与算术平均值的差。

在STEM研究中，想要获得总体数据通常是不可能也是不现实的。更常见的情况是：研究的样本数据来自一个大的总体中，这时我们就无法使用计算总体方差的公式来衡量数据的分散程度，就只能采用样本方差来估算总体方差的方式，再通过估算的总体方差来衡量整个研究数据的分散程度或与其他实验级的数据进行比较。样本方差的计算公式为

$$s^2 = \frac{\sum (x - \bar{x})^2}{n - 1}$$

在样本方差的计算公式中，$\bar{x}$是样本数据集中所有数据的算术平均值，n是这个数据集的数据个数，$(x-\bar{x})$是计算每一个数据与算术平均值的差。

用于计算总体方差的公式和用于计算样本方差的公式有两个明显的差异：第一个区别是代表的符号不同，总体方差用σ^2，样本方

差用s^2；另一个区别是两个公式中的分母不同，总体方差除以n，而样本方差除以$n-1$。样本方差分母除以$n-1$是无偏估计。在分母中减去1，分母数值变小，对总体方差的估值则会变大。

让我们回到前面太阳花生长与土壤湿度关系的实验数据，在实验第35天的时候，记录32号实验组10个实验样本的高度，以及3号实验组10个实验样本的高度，具体数据如下：

2号实验组样本高度（mm）：32，50，46，31，39，42，46，47，38，37。

3号实验组样本高度（mm）：42，47，36，37，43，47，33，47，39，37。

经过计算，我们发现这两个实验组的样本平均高度都是40.8 mm，如果只是参考这两组实验样本的平均高度的话，我们很难判断哪一组的植物生长情况更稳定。因此，我们可以利用方差来衡量两组实验组样品的生长稳定性，通过两组实验样本的方差来判断哪一组的数据分散程度更小，从而验证该组实验样本的生长情况。

计算2号实验样本平均高度：

$$\frac{32+50+46+31+39+42+46+47+38+37}{10} \text{ mm} = \frac{408}{10} \text{ mm} = 40.8 \text{ mm}$$

计算2号实验样本高度方差的方法如表3-19所示：

表3-19

x	$x-\bar{x}$	$(x-\bar{x})^2$
32	32−40.8=−8.8	77.44
50	50−40.8=9.2	84.64

x	$x-\bar{x}$	$(x-\bar{x})^2$
46	46−40.8=5.2	27.04
31	31−40.8=−9.8	96.04
39	39−40.8=−1.8	3.24
42	42−40.8=1.2	1.44
46	46−40.8=5.2	27.04
47	47−40.8=6.2	38.44
38	38−40.8=−2.8	7.84
37	37−40.8=−3.8	14.44
		合计=377.6

2号实验样本高度方差为

$$s^2 = \frac{\sum (x-\bar{x})^2}{n-1} = \frac{377.6}{10-1} = \frac{377.6}{9} \approx 41.96$$

通过同样的方法，我们可以计算出3号实验样本平均高度的方差为

$$s^2 = \frac{\sum (x-\bar{x})^2}{n-1} = \frac{237.6}{10-1} = \frac{237.6}{9} = 26.4$$

因为41.96＞26.4，所以通过对这两个实验组实验样本高度的方差比较，我们可以很清楚地知道3号样本的高度数据分散程度更小，也就是说，3号样本的生长情况更稳定，植物高度更均匀。

当我们在计算数据集方差的时候，可能会遇到数据量大的情况，如果还是采用手动计算的方法可能会不方便，并且容易因为数

据量大而出现错误。因此，我们可以用Excel的VAR.P函数来计算单元格内数据集的总体方差，也可以用VAR.S函数来计算单元格内数据集的样本方差。例如，在单元格A2到A100有某一实验的记录数据，如果我们要计算这组数据的总体方差，就只需要在单元格中输入公式"=VAR.P（A2：A100）"，同理，如果要计算这组数据的样本方差，那么就在单元格中输入公式"=VAR.S（A2：A100）"。虽然方差能直观地展示出数据集中数据的分散程度，但是我们很难通过方差去预测实验的数据分布情况，因此，我们需要通过标准差来描述数据集中数据的变异性，比较不同数据集的分布特征，评估观测值的可靠性和精确度。

第四，标准差。

标准差又称标准偏差、均方差（缩写SD，符号σ），在概率统计中经常作为测量一组数值的离散程度之用。它定义为方差的算术平方根，反映组内个体间的离散程度，体现出数据的平均变化幅度。标准差越大，意味着该数据分布中的每个数据点到平均值的距离越大；标准差越小，意味着数据点都和平均值很接近。换句话说，如果标准差大，就说明数据在平均值周围一个很大的范围内分布；可能有些数据彼此间很接近，但是仍然远离平均值。一个较大的标准差，代表大部分的数值和其平均值之间差异较大；一个较小的标准差，代表这些数值较接近平均值。标准差与期望值之比为标准离差率。方差与标准差有相同的变化趋势，但是标准差更容易理解和比较，因为它和原始数据有相同的单位。

标准差是方差的平方根，所以标准差和方差一样都可以分为总体标准差和样本标准差。总体标准差就是总体方差的平方根，它的

计算公式为

$$\sigma = \sqrt{\frac{\sum (x - \mu)^2}{n}}$$

在计算出总体方差以后，我们只需要把它的平方根算出来，如果计算出来的总体方差比较复杂的话，我们还可以利用Excel中的STDEV.P函数来计算单元格中数据的总体标准差。具体的计算方法及过程可以参考下文中的样本标准差的计算方法。

同理，样本标准差就是样本方差的平方根，它的计算公式就是

$$s = \sqrt{\frac{\sum (x - \bar{x})^2}{n - 1}}$$

样本标准差和样本方差的分母一样，除以$n-1$是无偏估计。也就是说，为了避免错误，标准差是一个高估值，用来弥补犯错误的可能性。因此，使用样本标准差计算，是STEM研究中一个更恰当的选择。对于一些比较复杂的数据集，我们也可以用Excel中的STDEV.S函数来计算这个数据集的样本标准差。例如，在单元格A2到A100记录有一组实验数据，如果我们要计算这组数据的样本标准差，就只需要在单元格中输入公式"=STDEV.S（A2：A100）"。利用Excel软件中的STDEV.S函数计算样本标准差不但减轻了工作量，还提高了计算的准确度。

现在，我们利用上文中3号实验组的样本数据来计算一下3号实验组的样本标准差。因为在前面已经计算出了样本方差，所以我们可以直接用方差求平方根，即3号实验组样本数据标准差为

$$s = \sqrt{\frac{\sum (x - \bar{x})^2}{n - 1}} = \sqrt{\frac{237.6}{9}} \text{ mm} \cong 5.14 \text{ mm}$$

注意，标准差是可以带单位的。我们计算出来的这个样本标准差表明每个数据和算术平均值距离为5.14mm。利用标准差分布曲线可以进一步解释数据。

如果实验样本的总体数据的分布是正态的（分布情况可以根据钟形直方图来判断），那我们就可以通过平均值和标准差判断出数据更多的信息。平均值决定标准正态分布曲线的最高点在横轴上的位置，这个点被标注为零点。大部分数据都落在平均值一个标准差（SD）的范围之内（两边均为34.1%）。标准分布曲线如图3-9所示：

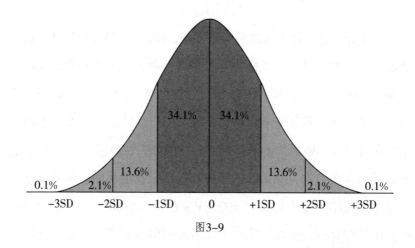

图3-9

回到前面3号实验组样本数据的例子，我们可以通过平均值减去一个标准差的方法计算出极差，显示出34%的数据所在范围。由于平均值是40.8，我们加上和减去一个标准差5.14就可以在两边算出第一个标准差的极差

40.8+5.14=45.94

40.8−5.14=35.66

通过计算可以知道，34%的数据出现在40.8—45.94 mm这一范围，68%的数据出现在35.66—45.94 mm这一范围。通过标准差，我们可以解决关于数据的很多问题，例如，在数据集中，哪些数据会高于平均值？哪些数据会低于平均值？某个范围内的数据占多大的百分比？预期中95%的数据在什么范围内？

标准差表示与算术平均值（不能用中位数和众数）的平均距离。如果每个数据都相同，那么标准差就是0。因此，标准差越大，数据的分布范围就越大，每个数据间的差距也越大。标准差和平均数一样，对极端值很敏感。

在对实验数据的统计方面，还可以进行更多的计算，比如前后变化和变化率。如果将这些运算用到数据中，可以通过统计检验来比较每个实验组和控制组的变化，判断这些变化是否显著。

第五，前后变化。

前后变化的计算非常容易，笔算或者用计算器计算都可以。这个指标可以帮助比较实验组和控制组的每一个数据。前后变化可以通过最终值减去起始值得到。计算公式如下

前后变化=最终值−起始值

例如，在太阳花生长实验中3号实验组其中一个样本第10天的高度是2 mm，第30天的高度是36 mm，那么，前后的变化是

36 mm−2 mm=34 mm

如果在这组中数据的前后变化是增长的，前后变化的数值就是正数；如果测量的数据下降，那么，总变化数值就是负数。如果某些样本在实验过程中变化趋势是多样的，那么用最终数据减去起始

数据的变化来描述整个数据变化就是不够准确的。所以前后变化只能用于单一的变化趋势数据，或者是阶段性数据描述。

第六，变化率。

当你想计算实验对象在一个特定时间段的变化速度时，就需要用到变化率。它的计算可以通过前后变化除以发生变化的时间段中的总时长得出。计算方式如下：

$$变化率 = \frac{最终值 - 初始值}{总时长}$$

例如，前面的例子3号实验组中一个样本21天内前后变化，那么它的变化率为

$$\frac{36 \ mm - 2 \ mm}{21 \ 天} = 1.62 \ mm/天$$

在计算变化率的时候，要注意分子和分母的单位，这在结论中表示某个时间段内发生的变化，变化率在比较不同组的数据时很有用。

③ 推论统计

前面我们对实验记录本中记录的实验数据进行了整理，在完成了各种描述统计，并将原始数据用图表的方式展示出来之后，我们就需要对各类实验数据进行推论统计的分析，通过分析样本数据，得到对总体参数的估计或假设检验，从而对总体分布或总体特征做出推断。推论统计是统计学中的重要分支，它可以帮助我们从有限的样本数据中获得关于总体的有效信息，为科学研究和决策提供依据。推论统计也有一定的局限性，它依赖于抽样方法的合理性、样本量的充分性、假设条件的满足性等因素。本书在后面的内容中，将简要地介绍STEM研究中常用到的推论统计检验方法，如t检验、

方差分析、卡方检验等。了解这些检验方法的目的在于提供一个概览，帮助你决定哪些检验方法可以应用到你的研究中。同时了解如何利用数据进行数据解释，利用解释导出关于数据的结论，并判断数据是否能够支持假设。

在了解推论统计检验方法之前，我们先了解一下推论统计的主要步骤。一般而言，推论统计检验的步骤主要如下：

建立假设。假设是对总体参数或分布的某种预设，通常分为原假设（H0）和备择假设（H1）。原假设是我们想要检验的假设，备择假设是与原假设相反的假设。

选择检验统计量。检验统计量是一个随机变量，它的分布与原假设有关，可以用来衡量样本数据与原假设之间的差异程度。

确定显著性水平。显著性水平（α）是一个预先设定的概率值，表示我们愿意冒着犯第一类错误（拒真）的风险。第一类错误是指，虽然原假设为真，我们却错误地拒绝了原假设。

计算检验统计量的观察值。观察值是根据样本数据计算出来的检验统计量的具体数值，它反映了样本数据与原假设之间的差异程度。

做出决策。根据观察值和显著性水平，我们可以判断观察值是否属于拒绝域内。拒绝域是指检验统计量的取值范围，当检验统计量属于该范围内时，我们有足够的证据拒绝原假设。如果观察属于拒绝域内，我们就拒绝原假设，否则我们就不能拒绝原假设。

给出结论。结论是对检验结果的解释，通常包括是否拒绝原假设、显著性水平、置信水平（1-α）、置信区间和实际意义。

通过简单了解推论统计检验的步骤，我们基本了解了如何结合实验数据进行数据解释的过程。例如，我们在实验中可能已经计算出各实验组和控制组的平均值，并且也发现了数值存在差异，但是我们还应该判断差异是否显著。原始数据本身并不能说明数据间的差异产生的原因，我们使用推论统计检验的目的是通过数学计算来判断原始数据之间的显著性。

在开始对数据解释、推论统计检验的过程之前，我们还应该了解步骤中的一些相关概念，以及我们在研究中常用到的推论统计检验方法。对检验方法的了解，将有助于你在实验中决定采用哪种统计方法，然后对这种方法进行更详细的研究。

a. 假设检验

假设检验是统计学中常用的一种方法，用于对一个假设进行验证，也被称为显著性检验。它通过采集样本数据，利用统计学原理对假设进行验证，从而对总体参数进行推断。通常情况下，我们会提出一个原假设（null hypothesis，记作H0）和一个备择假设（alternative hypothesis，记作H1或Ha）。其中，我们要清楚这两个假设是互相对立的，原假设是我们想要检验的假设，通常是关于总体参数的某种陈述，而备择假设则是与原假设相对立的假设。换句话说，就是利用样本数据来判断原假设是否应该被拒绝。如果原假设被拒绝则表示备择假设成立。

我们先通过一个简单的案例来了解一下假设检验的步骤：

第一，提出假设。

在进行假设检验之前，首先需要明确原假设和备择假设。例如，如果我们想要检验土壤湿度是否会影响太阳花的生长，可以提出如下假设：

原假设（H0）：土壤的湿度会影响太阳花的生长，湿度越高植物生长越快，高度越高。

备择假设（Ha）：土壤的湿度不会影响太阳花的生长，不同的湿度情况植物的生长情况一样，高度接近。

第二，选择适当的检验统计量。

在确定了要检验的假设后，下一步是选择适当的检验统计量。检验统计量是根据样本数据计算的一个统计量，用于对原假设进行检验。选择适当的检验统计量取决于所研究的问题、数据类型和假设检验的类型。常见的检验统计量包括t统计量、z统计量、卡方统计量等。在这个案例实验中，我们可以用不同实验组的土壤湿度数据与植物样本的平均高度来作为统计量，通过明显的数据检验统计量。

第三，确定显著性水平（α）。

显著性水平是在进行假设检验时事先确定的一个阈值，用于判断原假设是否应该被拒绝。通常情况下，显著性水平取值为0.05或0.01，表示我们可以接受在一次假设检验中犯错的概率为5%或1%。

具体来说，当我们设定显著性水平为0.05时，意味着我们可以接受在一次假设检验中犯第一类错误的概率为5%。换句话说，如果我们在进行假设检验时得出的p值小于或等于0.05，我们将拒绝原假设。同样地，当我们设定显著性水平为0.01时，意味着我们可以接受在一次假设检验中犯第一类错误的概率为1%。

选择适当的显著性水平取决于具体的研究问题、实验设计，以及研究者的偏好。通常情况下，0.05是比较常见的显著性水平，而0.01则更为严格。在某些情况下，也会根据研究的特点和需求选择其他显著性水平。

第四，计算检验统计量的值。

根据采集到的样本数据，计算所选择的检验统计量的值。计算检验统计量的值是进行假设检验的关键步骤之一，在假设检验中它用于对样本数据的统计推断。检验统计量的值是基于样本数据计算得出的一个统计量，用于评估样本数据是否支持或反驳原假设。将计算得出的样本数据的统计量带入相应的统计量计算公式中，得到检验统计量的值。

第五，做出统计决策。

根据计算得到的检验统计量的值，以及事先确定的显著性水平，做出统计决策。具体来说，如果检验统计量的值属于拒绝域内，则拒绝原假设；否则，接受原假设。

第六，得出结论。

根据统计决策，对原假设得出结论。如果拒绝了原假设，则说明样本数据提供了足够的证据支持备择假设；如果接受了原假设，则说明样本数据不足以反驳原假设。

第七，计算p值（可选）。

p值是在假设检验中用于评估假设是否成立的一个重要指标。p值表示在原假设为真的情况下，观察到的样本数据或更极端情况出现的概率。如果p值小于显著性水平，我们通常会拒绝原假设；否则，接受原假设。计算p值是在假设检验中的一项重要步骤，它表示在原假设成立的情况下，观察到样本数据或更极端情况出现的概率。p值越小，表示观察到的样本数据与原假设的偏离程度越大，因此越有可能拒绝原假设。计算p值的具体方法取决于所使用的假设检验的类型和统计分布。

下面简单了解一些常见假设检验的p值计算方法：

单样本t检验的p值计算方法：对于单样本t检验，通常使用t分布来计算p值。首先计算样本的t统计量（t值），然后查找t分布表或使用统计软件计算p值。

双样本t检验的p值计算方法：对于双样本t检验，如果样本量较大（通常大于30），可以使用z检验近似方法来计算p值。如果样本量较小或总体方差未知，则使用t分布来计算p值。

卡方检验的p值计算方法：对于卡方检验，计算卡方统计量（卡方值），然后查找卡方分布表或使用统计软件计算p值。

F检验的p值计算方法：对于F检验，计算F统计量（F值），然后查找F分布表或使用统计软件计算p值。

相关性检验（如Pearson相关系数检验）的p值计算方法：对于相关性检验，计算相关系数，并进行假设检验来检验相关性的显著性。根据检验统计量（如t值或z值），查找对应的t分布表或标准正态分布表，计算p值。

非参数检验的p值计算方法：对于一些非参数检验，如Wilcoxon秩和检验、Mann–Whitney U检验等，通常使用特定的秩和分布来计算p值。

需要注意的是，计算p值需要具体的样本数据和所选择的假设检验的统计分布。在实际应用中，通常使用统计软件来计算p值，以确保计算的准确性和方便性。

我们观察推论统计检验的步骤和假设检验的步骤，是否感觉两者非常相似，但是推论统计检验和假设检验是统计学中两个相关但不完全相同的概念，它们在统计分析中有着不同的角色和应用。

第一，假设检验（Hypothesis Testing）。

假设检验是统计学中的一种方法，用于对总体参数进行推断性的统计检验。它是一种基于样本数据的统计推断方法，用于验证关于总体参数的假设是否成立。假设检验的基本思想是在给定显著性水平的情况下，通过计算样本数据的统计量，来判断是否应该拒绝原假设。假设检验通常涉及原假设和备择假设两个对立的假设，并根据样本数据的统计量，做出接受或拒绝原假设的统计决策。

第二，推论统计检验（Inferential Statistical Testing）。

推论统计检验是统计学中的一种方法，用于对总体参数进行推断性的统计分析。它是一种基于概率理论的统计推断方法，通过对样本数据进行分析和计算，来对总体的某些性质或参数提出假设，并对这些假设进行检验。推论统计检验涵盖了假设检验，但不局限于假设检验，还包括了参数估计、置信区间估计、相关性分析等统计方法。

两者的区别总结：

第一，范围不同：假设检验是推论统计检验的一种特例，它是推论统计检验中的一种具体方法。

第二，目的不同：假设检验主要用于验证关于总体参数的假设是否成立；而推论统计检验更广泛地用于对总体的某些性质或参数提出假设，并对这些假设进行检验。

第三，内容不同：假设检验通常涉及原假设和备择假设两个对立的假设，并根据样本数据的统计量，做出接受或拒绝原假设的统计决策；而推论统计检验还包括了参数估计、置信区间估计、相关性分析等统计方法。

总的来说，假设检验是推论统计检验的一种特例，它是用于验证关于总体参数的假设的统计方法。推论统计检验更广泛地涵盖了对总体的某些性质或参数提出假设，并对这些假设进行推断性的统计分析。

假设检验在统计学中扮演着非常重要的角色，它提供了一种科学的方法来验证研究者对于总体参数（如均值、比例、方差等）的假设。通过检验样本数据，我们可以得出对于研究假设是否成立的结论，从而为研究提供科学依据。在研究过程中，我们通常会提出某种假设，如气温降低是否会影响某种植物的生长速度。假设检验可以帮助我们判断研究结果是否有统计学意义，即是否足够可靠，从而决定接受或拒绝研究假设。在实际决策中，我们经常需要依据数据进行判断和选择。假设检验可以提供统计学上的支持，帮助我们做出合理的决策。假设检验是科学研究中的基础工具之一，它帮助研究者验证理论假设、发现新知识，并推动学科的发展。通过不断进行假设检验，我们可以验证、修正，甚至推翻已有理论，以此促进学科的进步和发展。在数据分析过程中，我们经常需要对数据进行解读和推断。假设检验提供了一种系统化的方法，帮助我们准确地理解数据的含义和统计学意义。通过假设检验，我们可以避免主观臆断和误解，提高数据解读的准确性和客观性。

总的来说，假设检验在统计学和科学研究中具有非常重要的意义。它不仅可以帮助我们验证研究假设，判断研究结果的可靠性，还可以辅助决策制定，推动科学研究的发展，并提高数据解读的准确性。因此，熟练掌握假设检验方法对于进行科学研究和数据分析具有重要意义。

b. *t*检验

*t*检验，是一种用于比较两个样本均值是否存在显著差异的统计方法。它通常用于处理连续型数据，假设数据服从正态分布。*t*检验根据样本数据计算出一个*t*统计量，然后与*t*分布进行比较，以确定样本均值之间是否存在显著的差异。在进行*t*检验时，我们需要确定样本满足服从正态分布或近似正态分布的前提。如果样本量大于30，可以认为数据近似正态分布。*t*检验适用于以下四个场景：

第一，单样本均值检验：用于检验单个样本的均值是否与已知总体均值相等。例如，从某批次植物种子中选择若干样本，检验其发芽率的均值是否与要求的规格相等（双侧检验）。

第二，两个独立样本均值检验：用于检验两个独立样本的均值是否相等。例如，比较两个植物样本在同一实验期间的生长高度均值是否相等（双侧检验）。

第三，配对样本均值检验：用于检验一对配对样本的均值差是否等于某一个值。例如，评估某种学习方法的效果，检验接受了学习方法的学生学习成绩提高量是否比常规的学习方法大（单侧检验）。

第四，回归系数的显著性检验：用于检验回归模型的解释变量对被解释变量是否有显著影响。

假设有一个实验，研究了一种新的学习方法对学生数学成绩的影响。研究者想要确定这种新的学习方法是否能够显著提高学生的数学成绩。为了进行比较，研究者随机选择了两组学生：一组学生接受了传统的教学方法（对照组），另一组学生接受了新的学习方法（实验组）。

以下是进行t检验的详细步骤：

第一，提出假设。

原假设（H0）：新的学习方法不会显著提高学生的数学成绩，即两组学生的数学成绩均值相等。

备择假设（Ha）：新的学习方法会显著提高学生的数学成绩，即实验组的数学成绩均值大于对照组的数学成绩均值。

第二，收集样本数据。

收集两组学生的数学成绩数据，确保数据的准确性和可靠性。

第三，计算样本统计量。

将收集的成绩数据按以下类别进行分类：

对照组：样本均值（$\bar{x}_1$）、样本标准差（s_1）、样本量（n_1）

实验组：样本均值（$\bar{x}_2$）、样本标准差（s_2）、样本量（n_2）

第四，计算检验统计量。

要计算t统计量，首先需要收集两组样本的数据，并计算出样本均值、样本标准差和样本量；然后，使用下面的公式计算t统计量：

$$t = \frac{\bar{x}_1 - \bar{x}_2}{\sqrt{\dfrac{s_1^2}{n_1} + \dfrac{s_2^2}{n_2}}}$$

公式中，$\bar{x}_1$和$\bar{x}_2$分别是两组样本的均值，s_1和s_2分别是两组样本的标准差，n_1和n_2分别是两组样本的样本量。

为了数据准确，一般用统计软件来计算，或使用Excel中的T.TEST函数计算。

第五，确定临界值。

t统计量的临界值是在进行t检验时用于判断检验统计量是否达到了显著性水平的临界值。临界值取决于所选择的显著性水平（通常用α表示）和自由度（通常用df表示，即n_1+n_2-2），自由度取决于样本量。

在t分布表格中，可以查找不同自由度和显著性水平下的临界值。由于t分布是对称的，因此在双侧检验中，我们通常关注的是临界值的两侧，即临界值的负值和正值。

举例来说，假设我们进行了一个双侧t检验，显著性水平α为0.05，样本量为20（自由度为19），我们需要查找t分布表格或使用统计软件，找到对应自由度和显著性水平下的t统计量的临界值。在常见的t分布表格中，我们可以找到双侧检验的临界值。例如，在自由度为19和α为0.05时，临界值大约为±2.093。这意味着如果计算得到的t统计量的绝对值大于2.093，则可以拒绝原假设，认为样本差异显著。

第六，做出统计决策。

将计算得到的t统计量与临界值进行比较。如果t统计量的绝对值大于临界值，则拒绝原假设，认为实验组的数学成绩均值与对照组的数学成绩均值存在显著差异；反之接受原假设，认为两组学生的数学成绩均值相等。

第七，得出结论。

根据统计决策得出结论。如果拒绝了原假设，则认为新的学习方法对学生的数学成绩有显著提高；如果接受了原假设，则认为新的学习方法对学生的数学成绩没有显著影响。

总的来说，通过进行t检验，研究者可以判断新的学习方法是否能够显著提高学生的数学成绩，并做出相应的结论。

c. 方差分析

方差分析（简称ANOVA）是一种统计方法，用于比较三个或三个以上样本组之间的平均值是否存在显著差异。它将总体的方差分解为不同来源的方差，如组内方差和组间方差，以确定组间差异是否大到足以超过随机变异的程度。ANOVA通常用于实验设计和研究中，以确定不同处理组之间的差异是否显著。

在使用ANOVA进行分析时，我们通常假设所有组的总体具有相同的方差（方差齐性假设）和来自正态分布的观测值。ANOVA的计算通常会生成F统计量，用于检验组间方差和组内方差之间的比率是否显著不同。如果F统计量的p值低于设定的显著性水平（通常为0.05），则我们可以拒绝原假设，即认为至少有一个组的平均值与其他组不同。

ANOVA有几种不同的类型，包括单因素ANOVA（一元ANOVA）和多因素ANOVA（多元ANOVA），以及它们的各种变体，如重复测量ANOVA等。ANOVA是一种强大的统计工具，可以用于比较多个组之间的平均值差异，但是在使用之前需要满足一些假设和条件。

我们有必要通过一个具体的案例来详细了解一下方差分析的步骤。假设我们进行了一项实验，想要比较A和B两种不同的肥料对植物生长的影响。我们将种植的同一种植物分成两组，一组施用A肥料，另一组施用B肥料。在实验期间，我们需记录每组植物的生长高度，以便进行方差分析。

第一，建立假设。

原假设（H0）：至少有一种肥料对植物生长有显著影响，即它们的平均生长高度不全相等。

备择假设（H1）：A肥料、B肥料对植物生长的影响没有显著差异，即它们的平均生长高度相等。

第二，数据收集。

我们从每组植物中随机选取若干个植株，并测量它们的生长高度，得到每组的数据样本。注意，在收集数据的时候要确保数据的准确性和可靠性，同时还要确保数据满足方差分析的假设（如正态分布和方差齐性）。

第三，方差分解。

我们将总体方差分解为组间方差（肥料间的差异）和组内方差（每组内植物个体之间的差异）。同时确保组间方差衡量了各组平均值之间的差异，而组内方差衡量了每个组内个体数据点与该组平均值之间的差异。

第四，计算F统计量。

F统计量是组间方差与组内方差的比值，用于检验组间差异是否显著。F统计量越大，表示组间差异越显著。要计算F统计量，需要进行方差分析并获得组间方差（MSB）和组内方差（MSW）的值。F统计量的计算公式为

$$F = \frac{\text{MSB}}{\text{MSW}}$$

假设我们已经进行了方差分析并得到了以下结果：

组间平方和（SSB）=200

组内平方和（SSW）=80

组间自由度（dfB）=2

组内自由度（dfW）=27

现在我们可以计算出MSB和MSW：

$$MSB = \frac{SSB}{dfB} = \frac{200}{2} = 100$$

$$MSW = \frac{SSW}{dfW} = \frac{80}{27} \approx 2.96$$

最后，我们将MSB和MSW代入F统计量的计算公式：

$$F = \frac{MSB}{MSW} = \frac{100}{2.96} \approx 33.78$$

通过计算，我们得到F统计量约为33.78。

一般在日常的计算中，我们很少会通过笔算的形式来计算F统计量，因为笔算不但工作量大，而且还容易出现错误。前面的案例只是让我们大概了解计算F统计量的原理，所以在具体的数据计算过程中，更推荐使用软件来计算。例如，可以使用Excel中的F.TEST函数来计算F统计量。该函数的语法如下：

F.TEST（array1，array2，[tails]，[type]）

其中，array1是指第一个数组；array2是指第二个数组；tails是可选参数，指定检验是单尾还是双尾，默认值为1，表示双尾检验；Type也是可选参数，指定检验是针对方差还是平均值，默认值为1，表示针对方差的检验。

假设有两个数据范围，分别为A1：A10和B1：B10。我们可以使用以下函数计算F统计量：

=F.TEST（A1：A10，B1：B10）

该函数将返回F统计量、p值和自由度。结果如表3-20所示：

表3-20

F统计量	p值	自由度1	自由度2
0.6667	0.5742	9	11

虽然使用函数计算F统计量比较方便快捷，但是在使用F.TEST函数时还要注意以下两点：

F.TEST函数对样本的正态性有一定要求，如果样本严重偏离正态分布，则F.TEST函数的结果可能不准确。

F.TEST函数对样本容量也有一定的要求，如果样本容量过小，则F.TEST函数的功效可能会降低。

第五，决策。

通过比较计算得到的F统计量与临界值（根据自由度和显著性水平确定）我们可以得出一个结论，如果F统计量的p值低于显著性水平（通常为0.05），则拒绝原假设，认为两种肥料对植物生长的影响没有显著差异。在上例中，F统计量值0.6667大于显著性水平0.05，因此我们不能拒绝原假设，即至少有一种肥料对植物生长有显著影响，它们的平均高度不全相等。

第六，后续分析。

如果方差分析表明组间存在显著差异，我们可以进行后续的多重比较（如Tukey的HSD检验法）来确定哪些肥料之间存在差异。

第七，报告结果。

在计算结束后，需要报告F统计量、自由度、p值，以及任何后续比较的结果，以便其他研究人员理解和验证研究结果。

通过这个例子，我们可以看到方差分析是如何应用于比较不同处理组（肥料）之间的平均生长高度是否存在显著差异的。这种方法可以帮助我们确定哪种肥料对植物的生长效果更好，从而指导农业生产实践。

d. 卡方检验

卡方检验是一种非参数检验，用于检验两个或多个类别变量之间的关联程度。它是一种比较观察值与期望值之间的差异是否显著的统计检验方法。它通常用于分析分类变量之间的关联或独立性。

卡方检验可以分为两种主要类型：

卡方拟合度检验：用于检验观察值与期望值之间的差异是否显著，通常用于比较观察值与一个已知的理论分布或期望频数分布是否一致。

卡方独立性检验：用于检验两个分类变量之间的关联性或独立性。它用于比较观察值与期望值之间的差异是否足够大，以表明两个变量之间存在关联性。

在使用卡方检验的时候，需要注意的是，数据中的两个变量都是离散型变量，同时样本容量要足够大，每个类别的观测频数不小于5，并且样本都是随机抽取的。卡方检验是一种非常通用的检验，除了可以检验定量数据，也可以用于检验定性数据。如果在实验中收集到的是分类数据，那么你可能需要用到这种检验方法。卡方检验可以确定你的实验数据在统计上是否与一般的预期存在差异。

假设我们正在研究小学生对信息科技（例如计算机、互联网等）的兴趣是否与他们的性别有关。

为了进行卡方检验，我们首先需要收集数据。我们从一所小学随机抽取了100名学生，并记录了他们的性别 $\left(\dfrac{\text{女}}{\text{男}}\right)$ 和对信息科技的

兴趣 $\left(\dfrac{\text{感兴趣}}{\text{不感兴趣}}\right)$。

接下来，我们将数据整理成列联表，如表3−21所示：

表3−21

	感兴趣/人	不感兴趣/人	总计/人
男生	25	15	40
女生	20	40	60
总计	45	55	100

在这个列联表中，行表示性别，列表示对信息科技的兴趣，交叉点上的数字表示对应组合的频数。

接下来，我们需要计算期望频数。期望频数是在假设性别与对信息科技兴趣没有关联的情况下，各组合的预期频数。例如，男生对信息科技兴趣的期望频数为

$$\text{男生总数} \times \frac{\text{感兴趣总数}}{\text{总样本数}} = 40 \times \frac{45}{100} = 18$$

同理，其他单元格的期望频数也可以进行类似计算。

最后，我们使用Excel软件中的CHISQ.TEST函数进行卡方检验，计算观察值与期望值之间的差异是否显著。假设我们将实际观察到的频数放在A2：C3单元格范围内，将期望频数放在E2：G3单元格范围内，可以使用以下函数进行计算：

=CHISQ.TEST（A2：C3，E2：G3）

如果计算得到的p值小于显著性水平（通常为0.05），则可以拒

绝原假设，认为性别与对信息科技兴趣之间存在显著关联。否则，我们不能拒绝原假设，认为性别与对信息科技兴趣之间不存在显著关联。

通过上面的案例，我们可以了解卡方检验的大概过程，下面是卡方检验的一般步骤：

第一，建立假设。

原假设（H0）：观察值与期望值之间没有显著差异。

备择假设（H1）：观察值与期望值之间存在显著差异。

第二，数据收集。

收集观察数据，并根据假设收集或计算期望值。注意在收集数据的时候要确保数据的准确性和可靠性。

第三，计算卡方统计量。

根据观察值和期望值计算卡方统计量。卡方统计量公式如下：

$$\chi^2 = \frac{\sum (O - E)^2}{E}$$

公式中，χ^2是卡方统计量；O是观察值；E是期望值。

第四，确定自由度。

自由度的确定取决于所用的数据和问题类型。

第五，计算p值。

使用卡方分布表或计算工具，根据卡方统计量和自由度计算出对应的p值。

第六，决策。

如果p值小于设定的显著性水平（通常为0.05），则拒绝原假设，认为观察值与期望值之间存在显著差异；反之接受原假设，认为观察值与期望值之间没有显著差异。

第七，报告结果。

报告卡方统计量、自由度、p值，以及决策结果，以便其他人理解和验证研究结果。

e.四种假设检验的区别

前面我们了解了假设检验、t检验、方差分析和卡方检验四种假设检验方法，现在我们来了解一下它们之间的区别。假设检验、t检验、方差分析和卡方检验是统计学中常用的四种假设检验方法，它们在应用场景、数据类型和假设条件等方面有所不同。

假设检验是一种统计推断方法，用于对某个假设进行检验，通常包括对总体参数、两个或多个总体参数之间关系的假设进行检验。假设检验是一种通用的方法，可以应用于各种统计推断问题，例如比较平均值、比较频率分布、相关性分析等。

t检验是一种用于比较两个样本平均值是否有显著差异的统计方法，适用于样本服从正态分布、总体方差未知的情况。t检验适用于比较两个样本之间的均值差异，例如实验组与对照组的均值差异。

方差分析是一种用于比较三个或三个以上组之间平均值差异的统计方法，适用于连续型因变量和一个或多个分类型自变量。方差分析通常用于比较多个组之间的均值差异，例如不同药物剂量组的疗效比较。

卡方检验是一种用于比较观察频数与期望频数之间的差异是否显著的统计方法，适用于分类变量之间的关联性或独立性分析。卡方检验适用于比较两个或多个分类变量之间的关系，例如性别与喜好、治疗组与对疗效的反应等。

总的来说，假设检验是一种通用的统计推断方法，而t检验、方差分析和卡方检验是假设检验的具体应用方法，适用于不同的数据类型和研究问题。选择合适的检验方法取决于研究问题的具体情况、数据类型和假设条件。

④ 相关分析

相关是一种统计方法，用于判断两个变量之间是否存在统计上的显著相关性，通常指的是统计学中两个或多个变量之间的关系程度，这个检验的结果可以帮助你判断关联是否显著、关联的强度（弱或强）和关联的方向。在统计学中，常见的相关性分析方法包括皮尔逊相关系数、斯皮尔曼相关系数和肯德尔相关系数等。这些方法用于衡量两个变量之间的线性关系或顺序关系的强度和方向。

第一，皮尔逊相关系数。

皮尔逊相关系数衡量的是两个连续型变量之间的线性关系的强度和方向。皮尔逊相关系数的取值范围在–1到1之间，其中1表示完全正相关，–1表示完全负相关，0表示无相关。

第二，斯皮尔曼相关系数。

斯皮尔曼相关系数适用于衡量两个变量之间的等级或顺序关系的强度和方向。斯皮尔曼相关系数的取值范围也在–1到1之间，但它不要求数据服从正态分布。

第三，肯德尔相关系数。

肯德尔相关系数也适用于衡量两个变量之间的等级或顺序关系的强度和方向。肯德尔相关系数的取值范围同样在–1到1之间，也不要求数据服从正态分布。

散点图能帮助你判断两个变量之间是否存在相关性，散点图的画面效果可以让你看出两个变量是朝着相同方向还是相反方向变化。如果变量变化方向相同，就称为正相关，变化方向相反则称为负相关。我们可以利用对散点图的数据进行解释来说明一下变量之间的相关性，如图3-10所示：

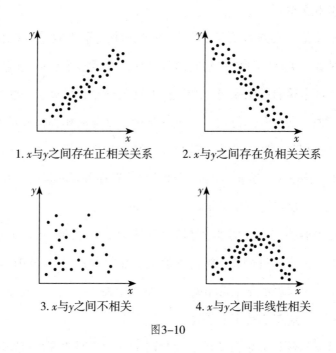

图3-10

通过解释散点图的数据，我们可以比较直观地判断两个变量之间是否存在相关性，所以在对实验数据分析的时候可以把变量绘制成散点图。

⑤数据解释

当我们在实验记录本中将原始数据整理成表格或图形进行统计计算以后，还要对它们进行分析，并把对数据的观点看法记录在实验记录本的图表旁边，这也就是我们对实验研究的数据解释。数据解释通常指的是对收集到的数据进行分析和解释,以便从中获取有意义的信息。数据解释是研究和分析工作的重要环节,它涉及理解数据背后的含义、发现数据之间的关系、提取有用的见解,以及得出结论。它是数据分析的重要组成部分,也是数据科学的核心目标之一。

数据解释的过程通常包括以下几个步骤:

第一,数据概览。

对收集到的数据进行概览,包括数据的大小、格式、变量类型等。这有助于了解数据的基本特征。我们的实验数据很多都是碎片化的,或者说是板块化的,数据集之间可能没有形成一条完整的链条,这容易造成在对数据解释的时候的片面化描述。所以在做数据解释之前,我们需要对全部收集的数据做一个全面的概览,弄清数据之间的互相联系,同时在整个统计分析的过程中,要学会使用以下问题来审视收集的数据:

我的数据能真实反映出什么?

根据这些数据能提出什么问题?

第二,描述性统计。

使用描述性统计方法对数据进行总结和概括,包括计算平均值、中位数、标准差、分位数等统计指标。这有助于了解数据的分布特征和变量之间的关系。

第三,数据可视化。

使用图表、图形等可视化工具对数据进行展示,如柱状图、折线图、散点图等。可视化可以更直观地理解数据的分布和趋势。

第四，数据分析。

使用相关性分析、回归分析、聚类分析和因子分析等方法探究数据之间的关系。这有助于发现变量之间的相关性和影响因素。相关性分析是通过计算相关系数（如皮尔逊相关系数、斯皮尔曼相关系数）来探究两个或多个变量之间的相关关系。

相关性分析可以帮助研究者理解变量之间的相关性强弱和方向，发现变量之间的潜在关联。而回归分析是用来探究一个或多个自变量与因变量之间的关系的方法，包括简单线性回归、多元线性回归、逻辑回归等。

回归分析可以帮助研究者理解变量之间的因果关系，预测因变量的取值，并识别影响因变量的重要因素。

聚类分析是将数据集中的观察对象划分为若干个类别或群组的方法，使同一类别内的观察对象彼此相似，不同类别之间的观察对象差异较大。聚类分析可以帮助研究者识别数据中的模式和群组结构，发现数据中的隐藏信息和规律。

因子分析是一种统计方法，用于探究观察变量之间的共性，以及将这些变量归纳为更少的、相互关联的潜在因子。因子分析可以帮助理解变量之间的复杂关系，发现变量之间的潜在结构和影响因素。

这个步骤的内容可能比较深奥难懂，如果对文中列举的各种分析方法感兴趣，可通过查阅相关的专业书籍或通过网络学习平台进一步研究。在分析过程中，我们也可以通过回答问题来对数据进行解释：

如何通过数据反映出两个变量之间的关系？

数据能支持假设吗？

如果我们无法利用专业的分析方法去对数据进行解释，那么也可以问自己一个很重要的问题：实验中的测量结果（因变量）是通过我所控制的变化（自变量）而产生的吗？假如在实验过程中收集的测量结果数据能支持你的假设，那么我们就可以基本确定实验中的自变量和因变量是相关的。

第五，模型建立。

基于数据分析的结果，建立适当的数学模型或预测模型，用于对未来趋势或结果进行预测。模型的建立是指基于数据分析和统计方法，构建数学或统计模型来描述和解释数据的变化规律或预测未来趋势的过程。在数据科学、机器学习、统计学等领域，模型的建立是实现数据驱动决策和预测的关键步骤之一。模型建立首先需要明确建模的目标，包括描述数据的变化规律、预测未来趋势、识别影响因素等。建模目标决定了后续建模过程的方向和方法。其次对收集到的数据进行预处理，包括数据清洗、缺失值处理、异常值处理、数据转换、特征工程等。数据预处理的目的是提高数据的质量，使其适合用于建模分析。根据建模目标和数据特点，选择合适的建模方法和模型类型。常见的模型包括线性回归、决策树、神经网络、支持向量机、聚类分析等。

第六，解释结果。

根据数据分析的结果，解释数据背后的含义和发现的问题，得出结论并提出建议。解释结果是指对数据分析或模型建立的结果进行深入理解和解释，以获取对问题的洞察和见解。在解释结果时，需要结合具体的数据分析方法、模型建立过程，以及研究问题的背景和目的，以确保解释的结果具有说服力和实用性。

在进行数据解释结果呈现的时候，我们应该要注意做好以下几点：

描述分析结果：首先，对数据分析或模型建立的结果进行描述，包括主要发现、关键特征、重要趋势等。描述分析结果有助于将结果清晰地呈现给读者或利益相关者。

解释关键发现：对于数据分析中的关键发现或模型中的重要参数，解释说明其意义和影响。

提供背景知识：在解释结果时，提供相关的背景知识和理论基础，帮助读者理解分析结果的背后逻辑和原理。背景知识可以包括相关领域的理论框架、先前研究的结果、相关数据的特点等。

探讨数据间关系：分析数据间的关系和趋势，并解释其可能的原因和机制。例如，如果两个变量之间存在正相关关系，可以探讨可能的因果关系或共同影响因素。

识别局限性：在解释结果时，识别分析过程中的局限性和假设条件，说明结果的可信度和适用范围。例如，如果模型的拟合度较低，可以指出可能的解释因素和改进方向。

提出推论和建议：基于分析结果，提出推论和建议，用于指导决策或进一步研究。推论和建议应该与研究问题的目标和背景相一致，并具有实践意义。

适当的表达方式：在解释结果时，使用清晰简洁的语言，避免过度技术化的术语，确保读者能够理解和接受解释的内容。

反思和讨论不确定性：在解释结果时，反思分析过程中的不确定性和可能的偏差，讨论结果的稳健性和可靠性，以及可能的改进方法和未来研究方向。

综上所述，详细描述解释结果包括对数据分析或模型建立结果的清晰描述、重点解释、背景知识提供、数据间关系探讨、局限性识别、推论和建议提出等多个方面。通过合理地解释结果，可以提供对问题的深入理解和有价值的见解，为决策提供科学依据。

在小学STEM项目中，教师可以引导学生进行以下步骤来解释数据：

整理数据：将收集到的数据进行整理，如绘制表格或图表。

分析数据：寻找数据中的模式和趋势，并进行计算和分析。

解释数据：根据分析结果得出结论，并解释结论的意义。

应用数据：将解释结果应用于实际问题解决。

通过数据解释，学生可以将抽象的科学概念与具体的实践经验联系起来，从而加深对科学的理解和应用。

五、设计小型模拟系统

从确定实验条件、撰写研究方案、在实验中记录实验的各类数据，到最后的数据统计分析、数据解释，到最终得出实验结论，我们已经完成了一个STEM项目的实验研究过程，并根据项目实验研究验证了我们提出的假设是被实验数据支持还是拒绝。当我们有了一个结论数据的时候，就需要把相关的解释结果应用于解决实际问题，结合学生的学习能力以及对实际生活的具体情况，可能无法开展大型项目的改造，但是我们可以通过设计一个小型模拟系统来进行对实验数据的验证。

小型模拟系统是指能够模拟真实世界系统的简化模型。它们通常用于教育、培训和研究。在小学STEM项目中，设计小型模拟系统可以帮助学生：

（1）了解科学概念和原理。通过模拟真实世界系统，学生可以直观地理解科学概念和原理。例如，通过设计弹簧模型，学生可以理解弹簧的运动规律。

（2）发展科学探究能力。在设计和构建模拟系统的过程中，学生可以学习如何提出问题、设计实验、收集数据和分析数据。

（3）培养批判性思维和解决问题的能力。通过模拟不同情况，学生可以学习如何分析问题、提出解决方案并评估解决方案的效果。

（4）提高对STEM的兴趣和参与度。模拟系统可以为学生提供一种有趣且有意义的学习方式，从而提高他们对STEM项目的兴趣和参与度。

当然，小学STEM项目设计一个小型模拟系统除了上文所列的意义以外，更重要的是能把现实生活中很难实施的大型项目小型化，其原因如下：

（1）实践性学习：小型模拟系统可以提供实践性学习的机会，让学生亲身参与设计、建造和操作。通过动手操作，学生可以更直观地理解科学、技术、工程和数学（STEM）原理，进而增强他们的学习体验和记忆。

（2）安全性：小型模拟系统相对于真实的大型系统来说更安全。在小型系统中，学生可以在受控的环境下学习，避免了可能存在的安全风险。这种安全性能够让学生更放心地去探索、实验和犯错，从而更好地学习。

（3）可控性：小型模拟系统可以更容易地进行控制和调整。教师可以根据学生的能力水平和课程目标来调整模拟系统的复杂度和难度，确保学生在合适的挑战下学习。这种可控性有助于教师更好地管理课堂，促进学生的学习进度。

（4）成本效益：小型模拟系统通常成本较低，可以更轻松地融入学校的教学计划中。相比之下，大型真实系统的建造和维护成本较高，对于小学来说可能不太实际。通过使用小型模拟系统，学校可以在有限的预算内提供更广泛的STEM学习机会。

（5）培养创造力和解决问题的能力：小型模拟系统鼓励学生发挥创造力，尝试不同的解决方案。学生可以通过设计和改进模拟系统来解决问题，以此培养他们的解决问题的能力和创造力。这种过程也有助于学生发展批判性思维和团队合作能力。

因此，设计小型模拟系统是小学STEM教育的有效方式，它可以为学生提供安全、具有实践性的学习环境，促进学生的全面发展。

本书为读者提供一个简单的智能植物养殖系统的STEM项目方案示例，通过案例简单了解如何设计一个小型的模拟系统。

智能植物养殖系统

（一）项目简介

现代农业生产中，智能植物养殖系统正在成为越来越受欢迎的选择。这些系统利用先进的传感器技术和自动化控制，监测和调节植物生长环境，提高生产效率和质量。本项目旨在让学生通过设计、搭建和调试智能植物养殖系统，深入了解植物生长的基本原理，探索STEM技能，并探讨智能技术在农业领域的应用。

（二）目标

本项目的学习目标包括但不限于：

（1）理解植物生长的基本原理，包括光照、湿度、温度等因素对植物生长的影响。

（2）学习使用传感器、控制器和其他智能设备，以及相关的编程知识。

（3）掌握数据分析和决策制定技能，通过收集和分析数据优化植物生长环境。

（4）培养团队合作和沟通能力，通过合作完成项目并向他人展示成果。

（三）设备和材料

本项目所需的主要设备和材料包括：

（1）微控制器（例如Arduino或Raspberry Pi）。

（2）传感器：光照传感器、湿度传感器、温度传感器等。

（3）控制设备：水泵、电磁阀等。

（4）光照设备：LED灯或荧光灯。

（5）植物种子和培养介质。

（6）控制面板或LCD显示器。

（7）电源供应和连接线等。

（四）项目步骤

1. 设计和组装

学生首先学习植物生长的基础知识，包括不同类型植物的生长条件要求，以及影响植物生长的因素。其次，他们将在导师的指导下设计智能植物养殖系统的结构和布局。设计过程中需要考虑系统的稳定性、可扩展性和易用性。接下来，学生将按照设计图纸购买所需材料并进行组装，包括安装传感器、控制设备、光照设备和灌溉系统等。

2. 编程和设置

学生将学习基础的编程知识，包括传感器的读取、控制设备的操作和数据处理等。他们将使用Arduino或Raspberry Pi等微控制器，配合传感器和控制器编写程序。这些程序将用于监测植物生长环境的各种参数（如光照、湿度、温度等），并设置系统用以自动调整灌溉、光照等参数。编程过程中，学生将学会如何使用Arduino IDE或其他编程软件，并掌握基本的编程语法和算法。

3. 种植和监测

完成系统的组装和编程后，学生将开始种植植物，并放置到智能系统中。他们可以选择种植不同种类的植物，以观察不同植物对环境变化的反应。随后，学生将开始监测植物生长过程中各项参数的变化，并记录数据。他们可以使用控制面板或LCD显示器查看实时数据，并利用数据采集工具（如Excel）进行数据记录和分析。

4. 数据分析和改进

收集到的数据将提供给学生进行进一步的数据分析。他们将探讨植物生长的影响因素，并利用数据分析结果改进系统设置并调整参数，以优化植物生长环境。例如，如果湿度过高导致病虫害的发生，学生可以通过调整灌溉系统来降低湿度；如果光照不足导致植物生长缓慢，他们可以增加光照设备的使用时间或调整光照强度。

（五）评估和展示

为了评估学生的学习成果，可以设计多种评估方式。例如，学生可以撰写项目报告，详细介绍他们的项目设计、实施过程、数据分析和改进结果；另外，他们还可以进行口头展示，向其他同学、老师或家长展示他们的智能植物养殖系统，并解释系统的工作原理、优点和不足之处；同时，他们可以邀请农业专家或相关领域的专业人士参加展示，并提供反馈和建议。

（六）扩展活动

本项目还可以拓展到其他相关领域，以进一步扩展学生的学习。例如：

生物学：学生可以进一步研究植物的生长过程，包括生长激素的作用机制、光合作用的原理等。

工程学：学生可以设计和制作自己的传感器或控制设备，并集成到智能植物养殖系统中。

数据科学：学生可以学习更高级的数据分析技术，如机器学习和人工智能算法，以优化植物生长环境。

（七）学习成果

学生将通过完成本项目获得丰富的学习经验和技能。他们不仅学会了植物生长的基本原理和智能技术的应用，还培养了解决问题的能力、创新思维和团队合作精神。通过这个项目，学生将了解到STEM教育的重要性和实际应用价值，为未来的学习和职业发展奠定了坚实的基础。

通过上述详细介绍，我们可以更全面地理解这个智能植物养殖系统的STEM项目方案，以及学生们在实施过程中可能面临的挑战和收获。这个项目不仅可以帮助学生学习理论知识，还能培养他们的实践能力和创新思维，为未来的学习和职业发展打下坚实的基础。

六、本章问题

（1）在设计一项实验的过程中，为什么要撰写假设？

（2）假设中所做出的预测，其重要性是什么？

（3）撰写研究方案的目的是什么？

（4）研究方案中的实验方法部分为什么必须详细？

（5）实验记录本的准确性为什么非常重要？

七、本章应用

本章节的内容比较多，建议我们在学习的过程中分块进行学习和开展实践应用。在实验开始之前，我们可以和组员一起讨论，为研究的课题撰写一个可测的假设，这是一个非常重要的环节。我们也可以自己先写下几个假设版本再与同伴交流。当假设版本获得成员的认可以后，我们就需要开始起草设计研究方案了。可能在此过程中我们会反复地修改，但是请相信，一个完善的研究方案版本是实验成功与否的关键所在。不管修改几个版本的方案，都需要直到方案已经做好了充分的研究准备，并且研究设计可以检测假设为止。要相信，在设计方案的时候做得越详细，考虑的问题越充分，那么在后续开展实验的时候就会越轻松，数据的误差也就会越小，结果也越准确。在开展实验的阶段，先要准备好纸质的实验记录本。在实验开始之前，在实验记录本上的组织设计花的时间越多，开始收集数据的时候遇到的问题就会越少。另外，书中所介绍的数据和案例都只是作为操作过程中的参考而已，并不是让你直接使用，我们可以在自己的实验记录本中参考组织方法，但是禁止直接套用书中案例和数据。当你从实验中收集了数据以后，需要用到本章的知识来进行不同的数据统计和分析，同时还要学会如何用图表来展示数据，并及时在数据图表旁边写下你对数据的评论。最后，当我们在实验记录本中将原始数据整理成表格或图形进行统计计算以后，还要对它们进行分析，也就是解释数据，并学会用数据来验证或者拒绝假设。

第四章

展示研究项目

　　对于所有开展STEM项目研究的人员来说，从事研究的一个重要意义是与别人交流他们的研究成果，一般有两种不同的方式来达到这一目的。一种是撰写项目研究报告和相关的科技论文；另一种是通过口头报告和展板汇报的形式，面对面地向同行展示自己的研究。完成STEM项目研究实验并对实验数据进行统计分析后，就需要整合信息开始撰写项目研究报告和相关的科技论文，同时在撰写的时候要及时提炼关键知识点，用于制作PPT或展板。可以先制订一个大纲或组织图来帮助确定论文的每一部分，以及梳理研究项目展板的条理和图文结构。

　　本章主要结合第三章所列举的部分案例对两种不同的展示方式展开简单的阐述，帮助读者初步掌握不同的展示方式。

一、撰写STEM项目研究报告和论文

　　一份优秀的STEM项目研究报告和论文是研究者将实验研究过程和研究成果呈现给别人的良好途径。小学阶段的STEM研究项目报告和论文的撰写意义在于培养学生的综合素养、科学思维和实践能力，以此促进其在STEM领域的学习和发展。具体来说，小学阶段STEM研究项目报告和论文的撰写意义包括：

　　（1）培养综合素养：通过参与STEM研究项目的撰写，学生将学习到科学、技术、工程和数学等多个学科知识，并通过实践活动将这些知识进行整合和应用，进而培养综合素养和跨学科的综合能力。

　　（2）促进科学思维：STEM研究项目的撰写过程需要学生进行科学问题的提出、实验设计、数据收集与分析，以及结论总结等一系

列科学思维活动，有助于培养学生的观察、分析、推理和解决问题的能力。

（3）实践探索：STEM研究项目的撰写是学生实践探索的重要途径，通过实验设计和实践操作，学生将学习到实验方法和技能，以此培养动手能力和实践能力。

（4）激发兴趣：通过撰写STEM研究项目报告和论文，学生将深入了解STEM领域的知识和实践，从而激发其对科学、技术、工程和数学的兴趣，提高学生对STEM学科的学习积极性和主动性。

（5）展示成果：STEM研究项目报告和论文的撰写是学生展示自己研究成果和分享学习经验的重要机会，有助于提升学生的自信心和表达能力，并加深其对研究成果的理解和认识。

（6）为未来学习和发展奠定基础：学习STEM研究项目报告和论文的撰写是学生学习和发展的一个重要阶段，有助于为学生未来深入学习STEM领域、参与科学研究和实践活动奠定基础。

（一）小学阶段STEM项目研究报告组成部分

小学阶段STEM项目研究报告是学生对所进行的STEM项目研究进行总结和展示的重要文档。它可以帮助学生更好地理解和掌握STEM知识，提高科学探究能力和批判性思维能力，并培养沟通和表达能力。

小学STEM项目研究报告一般应包含以下部分：

（1）标题页：报告的封面，包括项目标题、学生姓名、指导老师姓名、学校名称、日期等信息。标题页的设计要简洁明了，要突出项目的主题和参与者信息。

（2）摘要：报告的开篇部分，简要概括整个研究项目的背景、目的、方法、结果和结论。摘要的撰写要简明扼要、准确清晰，具有代表性，让读者能够快速了解研究项目的主要内容和成果。

（3）引言：介绍研究项目的背景和动机、研究目的和意义以及研究问题和假设等。引言部分的撰写要点明项目的研究范围和目标，引出研究的主要内容，激发读者的兴趣。

（4）文献综述：对与研究项目相关的已有研究成果和文献进行了综述和分析。通过对前人研究成果的总结和分析，可以为研究问题的提出和解决提供理论支持和参考依据。

（5）研究方法：详细描述了研究项目的设计、实施和数据收集方法。其中包括研究设计、实验材料和设备、实验步骤和操作流程、数据收集和处理方法等。研究方法部分的撰写要清晰明了、严谨规范，便于他人复制和验证研究结果。

（6）研究结果：呈现了研究项目的主要结果和数据，通常以文字、表格、图表等形式进行展示。其中包括实验数据、观察结果、统计分析结果等。结果部分的撰写要客观准确、清晰明了，突出主要发现和结论。

（7）讨论：对研究结果进行分析和解释，探讨研究的意义和影响。对研究结果与研究目标、文献综述和实际问题之间的关系进行讨论，提出可能的解释和建议。讨论部分的撰写要深入思考、理论联系实际，具有启发性和可操作性。

（8）研究结论：对整个研究项目的主要发现和结论进行总结和归纳，强调研究的意义和价值，并提出未来研究的方向和建议。结论部分的撰写要简明扼要、具有逻辑性和说服力，突出项目的核心贡献和创新。

（9）参考文献：列出了研究项目所引用的相关文献和资料，并按照特定的引用格式规范排列。参考文献的撰写要准确完整，便于读者查阅相关资料和进一步了解研究背景和理论基础。

（10）附录：包括一些与主要内容相关但不宜直接放在正文中的资料，如实验记录本中的数据、图表、原始数据、调查问卷、代码等。附录的内容通常是对主要内容的补充和延伸，具有一定的参考价值和备份作用。

（二）小学阶段STEM项目研究报告示例

在撰写实验报告的过程中可以参考以下这份土壤湿度与太阳花生长情况项目研究报告的提纲。

土壤湿度与太阳花生长情况项目研究报告

1. 摘要

本研究旨在探究不同土壤湿度条件对太阳花生长情况的影响。通过在不同土壤湿度条件下种植太阳花，测量其生长指标，包括植株高度、叶片数量和花朵开放情况等，分析土壤湿度对太阳花生长的影响。结果表明，适宜的土壤湿度有利于太阳花的生长，过度或不足的土壤湿度都会影响太阳花的生长。

2. 引言

土壤湿度是影响植物生长的重要因素之一，对太阳花这类作物的生长发育尤为重要。随着全球气候变化和环境问题的日益严峻，探究土壤湿度对植物生长的影响具有重要意义。本研究旨在通过实验方法，探究不同土壤湿度条件下太阳花的生长情况，为农业生产提供科学依据。

3. 材料与方法

（1）实验材料：太阳花种子、培养土、水。

（2）实验设计：将太阳花种子分别种植在装有不同湿度土壤的容器中，设置不同的土壤湿度水平作为处理组。

（3）生长观察：每天记录太阳花的生长情况，包括植株高度、叶片数量、花朵开放情况等。

（4）数据分析：对实验数据进行统计分析，比较不同湿度土壤中太阳花生长指标的差异。

4. 研究结果

（1）植株高度：在适宜的土壤湿度条件下，太阳花的植株高度更高，而过度或不足的土壤湿度都会导致植株高度较低。

（2）叶片数量：适宜的土壤湿度有利于太阳花叶片的生长，而过度或不足的土壤湿度会影响叶片的数量和质量。

（3）花朵开放情况：适宜的土壤湿度有助于太阳花的花朵开放，而过度或不足的土壤湿度会影响花朵的开放情况和花期长度。

5. 讨论与分析

通过实验结果分析，我们发现土壤湿度对太阳花生长情况具有显著影响。适宜的土壤湿度有利于太阳花的生长发育，有助于提高植株高度、叶片数量和花朵开放情况。而过度或不足的土壤湿度会导致太阳花生长受阻，影响其产量和品质。

6. 结论

综上所述，适宜的土壤湿度条件对太阳花的生长发育具有重要影响，有助于提高产量和品质。因此，在太阳花的种植管理中，合理调控土壤湿度是关键的措施之一。

7. 致谢

在此，我们要感谢指导老师对我们的指导和支持，感谢实验室的技术人员和同学们的帮助和配合。

8. 参考文献

列出参考文献。

9. 附录

附录包括实验数据、图表等材料。

（三）STEM项目研究报告与科技论文的区别

在完成项目研究报告之后，可以将其中部分内容提炼成科技论文，当然也可以先撰写科技论文再撰写项目研究报告，两者的顺序是不存在先后区别的。具体的论文撰写方法可以请教相关的专业人士，也可以参考相关的专业书籍。

STEM项目研究报告和科技论文虽然都是对科学、技术、工程和数学等领域的研究成果进行描述和总结的文献形式，但它们在内容、撰写方式、目的和受众等方面均有一些区别。

1. 内容与深度

STEM项目研究报告通常是学生在课程或学校项目中进行的研究成果的总结和报告，内容相对简单，主要涵盖研究项目的背景、目的、方法、结果和结论等。

科技论文则是由专业研究人员或学者撰写的，通常涉及深度研究和创新成果，内容更为详尽和专业，包括理论框架、实验设计、数据分析、理论探讨、结论等。

2. 撰写方式

STEM项目研究报告通常采用简洁明了的语言，注重对学生研究

项目的整体过程和成果进行描述和总结，使用较为简单的文字、图表等形式展示研究成果。

科技论文则要求语言准确、严谨，表述清晰、逻辑严密，使用专业术语和专业方法进行描述，要求更高的学术标准和科学严谨性。

3. 目的与受众

STEM项目研究报告的主要目的是展示学生在STEM领域的研究能力、科学思维和实践能力，其受众主要是学生、老师和家长等教育相关人员。

科技论文的主要目的是为了向学术界、专业领域内的同行学者和科研工作者传播研究成果，推动学科发展和创新，其受众主要是学术界和专业领域的专家、学者和研究人员。

4. 发表和评价标准

STEM项目研究报告通常在学校、科技展示会或学术竞赛等平台进行展示和评价，主要注重学生对科学知识的掌握和实践能力的展示，评价标准较为灵活。

科技论文通常会在学术期刊、会议或专业领域的学术机构中发表，并接受同行评审，评价标准更为严格，注重原创性、科学性、逻辑性和学术影响力等方面。

总的来说，STEM项目研究报告和科技论文在内容、撰写方式、目的和受众等方面均有一些区别，但它们都是对科学研究成果进行描述和总结的重要文献形式，各自在不同的领域和层次中发挥着重要的作用。

建议在撰写报告或论文之前，可以先阅读相关领域的文献资料，以了解现有的研究成果和规范。在撰写过程中，可以多与指导老师或同学交流，以确保报告的质量。在完成报告或论文后，可以进行多次修改和完善，以确保报告的准确性和完整性。在撰写小学STEM项目研究报告时，应注意语言简洁明了，适合小学生阅读理解，图表要清晰美观，方便理解，逻辑结构严谨，内容完整，遵守学术规范，格式统一。

二、展示STEM研究项目

展示STEM研究项目是将研究成果与他人分享的重要方式。它可以帮助学生提高沟通和表达能力，并促进STEM教育和研究发展。展示STEM研究项目可以通过多种方式进行，具体展示形式可以根据项目的性质、内容和目的进行选择。

以下是几种常见的展示方式：

（1）海报展示：制作精美的海报，展示STEM研究项目的主要内容、研究问题、实验设计、结果分析和结论等。海报应包括项目标题、项目简介、研究方法、研究结果等内容。海报设计应简洁明了，图文并茂，突出重点，吸引观众注意。

（2）口头报告：在学术会议、科技展览会或学校项目展示等场合进行口头报告，介绍STEM研究项目的背景、目的、方法和结果，分享研究经验和心得。口头报告可以更深入地展示研究项目，详细介绍研究问题，并就相关的问题与听众进行互动讨论。

（3）实物展示：如果项目涉及实物产品或装置，可以展示实物，让观众亲身体验和了解研究项目的具体内容和成果。

（4）多媒体展示：利用多媒体制作PPT、视频等，通过图文、动画、视频等多种形式展示STEM研究项目的过程和成果。

（5）互动体验：设计互动体验项目，让观众参与到STEM研究项目中，亲自进行实验操作并解决问题，以此增加学生的参与感和学习效果。

（6）科技展示：利用科技手段进行展示，如虚拟现实、增强现实等技术，展示STEM研究项目的立体效果，增强观众的沉浸感和体验效果。

（7）社区分享：在社区或公共场所组织STEM研究项目的展示活动，邀请当地居民和学生参与，增强STEM教育的普及和影响力。

制作展示海报过程中，如果不清楚如何设计海报或展板的框架，可以参考以下土壤湿度与太阳花生长情况项目的示范案例。

海报标题：土壤湿度与太阳花生长情况项目

————————————————————————————————

海报背景：太阳花是一种常见的观赏和经济作物，其生长受土壤湿度的影响较大。本项目旨在探究不同土壤湿度条件下太阳花生长情况的变化，为太阳花种植提供科学依据。

————————————————————————————————

（一）研究目的

（1）探究土壤湿度对太阳花生长的影响：本研究旨在通过实验方法，系统地研究不同土壤湿度条件对太阳花生长的影响，深入了解土壤湿度对太阳花生长的作用机制。

（2）提供太阳花种植的科学依据：通过研究土壤湿度对太阳花生长的影响，为太阳花种植提供科学依据和管理策略，探索可持续发展的太阳花种植模式。

（3）促进STEM教育实践：通过实践性的STEM研究项目，培养学生的科学思维、实验设计和数据分析能力，提升学生的创新意识和团队合作精神。

（4）推动农业生产技术创新：通过深入研究土壤湿度对太阳花生长的影响，探索土壤湿度管理技术和种植模式创新，促进农业生产技术的创新和提升。

（二）研究方法

实验设定：将太阳花种子分别种植在装有不同湿度土壤的容器中，以观察太阳花在不同土壤湿度条件下的生长情况。

实验处理：设计高湿、适湿和干旱三个不同的土壤湿度水平作为处理组，进行对比研究。

观察指标：测量并记录太阳花的植株高度、叶片数量和花朵开放情况等生长指标，定期观察并记录数据。

数据分析：对实验结果进行统计分析，比较不同土壤湿度条件下太阳花生长指标的差异，分析土壤湿度对太阳花生长的影响。

（三）实验结果

植株高度：适宜湿度条件下太阳花植株高度最高，高湿和干旱条件下植株高度较低。

叶片数量：适宜湿度条件下太阳花叶片数量较多，高湿和干旱条件下叶片数量较少。

花朵开放：适宜湿度条件下太阳花花朵开放情况最好，高湿和干旱条件下花朵开放情况较差。

（四）结果分析

植株高度：实验结果显示，适宜湿度条件下的太阳花植株高度最高，平均高度为8厘米，高于高湿和干旱条件下的植株高度。

叶片数量：在适宜湿度条件下，太阳花的叶片数量较多，平均为40片，高湿和干旱条件下的叶片数量分别为34片和28片。

花朵开放情况：适宜湿度条件下太阳花的花朵开放情况最好，85%的花朵开放，高湿和干旱条件下的花朵开放率分别为71%和42%。

经过统计分析，不同土壤湿度条件下太阳花生长指标之间存在显著差异（$P<0.05$），表明土壤湿度对太阳花生长具有显著影响。

（五）结论、展望、意义

通过本次STEM研究项目，我们得出了以下结论，并对未来研究提出展望，阐述其意义：

（1）土壤湿度与太阳花生长：我们的研究结果表明，土壤湿度对太阳花的生长和开花有着显著影响。适度湿润的土壤有助于提高太阳花的植株高度、叶片数量和花朵开放情况。

（2）土壤湿度管理：土壤湿度管理是提高太阳花产量和品质的关键措施之一。合理调控土壤湿度，保持土壤适度湿润，有利于太阳花的健康生长和生产。

（3）未来展望：我们希望未来可以进一步探究土壤湿度对太阳花生长的影响机制，优化土壤湿度管理方法，提高太阳花产量和品质，为太阳花种植提供更科学的管理策略。

（4）STEM教育意义：本次研究项目不仅为太阳花种植提供了科学依据，还为学生提供了STEM教育的实践机会，培养了学生的科学思维、实践能力和团队合作精神。

（六）致谢

感谢指导老师对本项目的支持和指导，感谢实验室的技术人员和同学们的帮助和配合。

————————————————————————————

海报底部注明：本研究项目由×××（学校/机构）进行，项目
指导老师：×××。

海报右下角附上太阳花生长图片或图表展示不同土壤湿度条件
下的太阳花生长情况。

————————————————————————————

三、本章问题

（1）项目研究报告与科技论文有什么区别？

（2）概括海报展示的组成部分。

（3）口头报告与海报展示有什么区别？

四、本章应用

通过本章学习，你应该大概了解了撰写项目研究报告的方法，
至此，我们也完成了STEM研究项目的最后一个阶段。在这个阶段
里，我们需要把研究过程和结论准确完整地介绍给其他人。如果项
目是小组合作完成的，那么就需要在展示汇报的阶段做好分工，同
时，还要和同伴一起讨论选择合适的展示方式。在撰写项目研究
报告的过程中，要注意提炼准确的数据，并简洁地表达出来，在制
作展示海报的过程中，要选择有代表性的数据和观点结论。如果最
终选择口头报告的展示方法，那么就需要汇报的人做到表达清晰准
确，特别是需要在汇报前做好演练工作。

在确定研究项目之前，也许我们对如何开展项目研究是没有头

绪的，思路是混乱的。现在我们已经完整地经历了一遍这个过程，在这个研究过程中可能会遇到各种各样的问题，我们可以求助他人的帮助。虽然研究过程并不是清晰、简单的，但是我相信你在经历这个研究过程的时候会产生很多属于自己的想法。每当我们在研究一个问题时，总会有一些与这个问题相关的新问题出现，可能新出现的问题又涉及一个自己未知的领域，当你知道得越多，越会感觉到自己的无知。

你已经完成了一系列的STEM研究实验，包括确定研究项目、设计研究方案、开展实验、采集实验数据并将实验数据记录到实验记录本中、分析数据、撰写研究报告以及展示项目成果。这是一次真正意义上的STEM研究。当你下次在生活中遇到各种问题的时候，相信你一定会用创新的思维来解决。